Cahier du soir d'un éducateur

Jean Cartry

Préface de
Maurice Berger

DUNOD

ISBN 978-2-10-048544-4

« S'il y a quelque chose de vrai dans ce que je dis
c'est que les poètes en auront déjà parlé »
D. W. Winnicott

Ce Cahier pour Janine, ma femme et ma collègue
de toujours et de chaque jour,
avec mon admiration professionnelle ;
à la mémoire d'Élisabeth G.,
sa collègue si proche et son amie disparue.

Préface

Maurice Berger[1]

CE LIVRE n'est pas comme les précédents. Certes, il y a toujours le « style Cartry » : des petites scènes successives, chacune parfaite en elle-même comme les préludes et fugues du *Clavecin bien tempéré* (l'auteur aime Bach), tirées de la vie quotidienne, et qui révèlent une facette du psychisme humain pour celui qui sait s'y arrêter. Parfois on rit, par exemple quand est décrite « la bande, non, la horde » d'adolescents venus de la banlieue parisienne, qui « pénètre dans le centre équestre comme sur une piste de karting. Il faut leur expliquer qu'un cheval ne fonctionne pas comme une moto volée » ; la suite est hilarante. On est aussi grave, inquiet, révolté, admiratif, rassuré. Entre ces scènes, des tableaux colorés reposent, des natures non pas mortes mais vivantes car la maison des Cartry est entourée d'un jardin très fleuri.

Dans la lignée de leurs autres ouvrages, ils commentent ce que leur apporte leur expérience particulière : ils vivent avec des enfants placés chez eux, en famille thérapeutique, enfants dont les parents n'ont pas pu, pas su s'occuper de manière suffisamment adéquate, le plus souvent du fait de leur propre enfance désastreuse. Qui plus est, ce couple d'éducateurs demeure au même

1. Maurice Berger est professeur associé de psychologie à l'université Lyon 2, chef de service en psychiatrie de l'enfant au CHU de Saint-Étienne et psychanalyste. Ses travaux scientifiques dans le domaine de l'enfance font l'objet d'une reconnaissance internationale. Il a publié aux Éditions Dunod, *L'Échec de la protection de l'enfance* (2003).

endroit depuis trente ans, et les enfants qui les ont quittés car devenus grands, peuvent revenir les voir. Le lieu et les personnes qui leur ont fourni pour la première fois de leur existence un sentiment de sécurité interne sont toujours « à disposition » comme point de repère dans la vie. Ici, pour ces enfants, a commencé leur histoire comme sujet, parce qu'ils y ont enfin rencontré une préoccupation constante et une loi structurante. Leur « travail » ne s'arrête donc pas à la majorité de l'enfant. L'exemple de Damien est illustratif lorsque, majeur et autonome depuis longtemps, il vient passer une nuit, une seule, pour panser la plaie narcissique insupportable créée par l'annonce de la mort de sa mère qu'il ne voyait pourtant que rarement. Cette durée dans la continuité, indispensable pour l'enfant, permet de plus aux adultes de se constituer un « stock » d'expériences, au sens d'être expérimenté. Et cette expérience sert de contenant pour garder le cap malgré les à-coups importants que traverse la relation avec certains de ces enfants, alors que le *turn-over* des professionnels, qu'ils soient juges, éducateurs, inspecteurs de l'Aide sociale à l'enfance, etc., les empêche d'acquérir cette vision au long terme et d'utiliser des théories réellement adéquates. Rappelons que théorie vient du grec *théorein*, contempler une grande étendue de pays. Ainsi ce « cahier du soir » n'est pas que la mise en lumière d'un travail de l'ombre qui consiste, dans la modestie du tissage quotidien, à influer réellement sur les destins mal engagés, il représente aussi un authentique savoir.

Mais ce livre, nous l'avons dit, n'est pas comme les précédents. Pour la première fois, Jean Cartry nous parle de son histoire d'enfant, qui lui permet de comprendre ce que ressentent les enfants confrontés à des carences et à des traumatismes psychiques, et qui a été en grande partie l'origine de sa vocation. À genoux devant toute la classe, mains sur la tête, une pancarte d'infamie attachée sur le dos, il doit demander pardon pour avoir répondu « merde » au directeur de l'école, ce qui l'amène à s'interroger sur ce qui donne de la légitimité à l'autorité, le pouvoir ou la compétence ? Écolier appliqué face à la page blanche de son cahier neuf le jour de la rentrée scolaire, résolu à réussir pour conserver l'amour de ses parents, il est désespéré par les éclaboussures d'encre de sa plume. Renvoyé de l'école et injustement accusé d'avoir volé une boîte de peinture, il garde l'amertume ineffaçable de ne pas avoir été cru parce qu'il était un enfant. Ou encore, pendant l'exode, fuyant Paris avec sa mère, il doit se réfugier, terrorisé, à plat ventre sous leur wagon lorsque les Stukas mitraillent leur convoi. C'est de là qu'il sait ce qu'est l'angoisse impensable d'un jeune enfant, la sidération du corps totalement tétanisé par l'angoisse, ce qui l'a aidé à s'identifier au vécu corporel des enfants qui lui sont confiés.

Différent des autres, ce livre l'est aussi par ses trois leitmotivs relatifs à la période qu'il couvre, de 1998 à 2004. La mort, de William après une overdose, de Louis Casali, éducateur rédacteur en chef de la revue professionnelle *Liaisons*, d'une jeune fille, d'Élisabeth, une éducatrice. Ensuite, l'amertume, en constatant le changement de mentalité chez les professionnels, dû à l'application des 35 heures. Enfin, la modification de notre « cadre culturel », avec la valorisation de plus en plus importante du plaisir immédiat dans notre société de consommation. Détaillons.

D'après mes petits calculs (je n'ose pas leur demander leur âge), les Cartry doivent avoir autour de 65 ans. Ils accueillent sans doute leur dernière promotion d'enfants. Il n'est pas question de « vraie » retraite pour eux, ils vont continuer à être des parents psychologiques pendant encore de nombreuses années pour ceux qu'ils ont accueillis. Et ils ont une jeunesse d'esprit qui leur garantit une vie créative pour longtemps encore. Mais l'heure est à la transmission d'un état d'esprit, plus que d'une méthode figée. Ils se retournent, et constatent que même s'il y a aura toujours, heureusement, des familles d'accueil, leur outil est devenu inutilisable par la plupart des éducateurs. Jean Cartry multiplie les exemples qui montrent l'impossibilité de réaliser un travail éducatif cohérent avec l'application des 35 heures. Un des exemples, qui n'a rien de caricatural, est celui d'un éducateur qui quitte les enfants au milieu d'un repas et passe le relais, c'est-à-dire la louche pour servir la purée, à son successeur. Et il cite la théorie que j'ai aussi entendue, selon laquelle plus un enfant connaît d'adultes, plus il fait d'expériences relationnelles, alors qu'en réalité seule la relation avec un ou deux adultes prévisibles, suffisamment présents, capables de s'identifier aux besoins des enfants (dont le besoin de limites) et de les apaiser, seule donc, l'intériorisation de cette relation permet ensuite de tirer profit de la multiplicité des relations suivantes. Celui qui n'a pas compris cela doit changer de métier. C'est ainsi, on ne peut pas passer en touriste dans le domaine de la protection de l'enfance, en faire un gagne-pain.

Dans notre équipe, au CHU de Saint-Étienne, il est demandé aux éducateurs de s'engager moralement à rester neuf ans au moins. Pas dix, par peur que le passage à deux chiffres n'effraye les postulants. À nous de les motiver, entre autre en les payant suffisamment avec des idées, pour qu'ils restent plus longtemps et aient envie de connaître la suite de l'histoire de chaque enfant. Ce n'est que dans la durée que l'on peut devenir une personne signifiante pour un enfant, durée qui s'accompagne d'une continuité de la préoccupation. Cette manière de faire a fait ses preuves, et elle est la seule efficace dans beaucoup de situations. C'est ainsi, les besoins affectifs et relationnels des enfants sont les mêmes depuis des siècles, et le resteront pour les siècles à venir. C'est pourquoi éducateur n'est pas une profession comme les autres, et c'est toute sa noblesse. Dans la profession d'éducateur auprès d'enfants placés, les 35 heures constituent la plus grande attaque qui puisse être contre la construction d'un lien structurant. Jean Cartry parle même d'imposture professionnelle. Il y avait d'autres solutions, comme le compte épargne temps qui permet de reporter les heures effectuées en plus des 35 heures, et de partir ainsi à la retraite deux ou trois ans plus tôt, au moment où on se sent blanchi sous le harnais. Les professionnels de la relation qui s'impliquent dans la clinique ne sont que modérément motivés par les débats d'idées, les duels verbaux, seule leur importe la question : « comment va l'enfant réel ? » C'est pourquoi ils ont toujours été balayés par la militance syndicale. Dire que travailler n'est pas forcément équivalent à se sentir exploité, et qu'il y a du plaisir à bien faire son travail, expose à se faire traiter de vieux schnock, de réac, de nanti, etc.

Jean Cartry est amer car il sait que sa profession, en ce décentrant de l'enfant, en perdant l'identification à l'enfant pour privilégier le confort des adultes, vient de réaliser un suicide spirituel dont elle ne se relèvera pas. Certes, il y aura toujours des éducateurs de bonne volonté, investissant fortement leur métier, mais leur tâche sera maintenant singulièrement compliquée, en particulier dans le travail en internat qui peut pourtant être si structurant pour les enfants. Jean Cartry souligne aussi les faux-fuyants, l'idéologie de la distance qui amène à faire changer l'enfant régulièrement de famille d'accueil, l'utilisation du concept de résilience en feignant d'ignorer qu'elle ne peut se mettre en place que s'il y a un adulte stable tuteur de résilience, etc. Ainsi certains enfants confiés à l'Aide Sociale à l'Enfance n'ont-ils plus de « maison mère ». C'est de la mort de l'engagement personnel, de la fin de l'espace d'accueil de l'enfant en soi dont parle Jean Cartry, et il ne s'agit pas d'une petite affaire. 1 100 000 Français sont passés ou passent par le dispositif de protection de l'enfance, et des millions d'adultes, parents, éducateurs, enseignants, soignants, sont impliqués de près. Le prix du lien thérapeutique coûte très cher à la société ; mais il y a une chose qui coûte encore plus cher, et plus rapidement qu'on le pense, c'est de ne pas vouloir payer le prix de ce lien.

Le dernier point sur lequel insiste Jean Cartry, c'est la manière dont notre fonctionnement sociétal non seulement ne contient plus les mouvements pulsionnels violents et sexuels, mais les attise par les films, les publicités qui prônent la satisfaction immédiate du désir, et proposent une jouissance immédiate. Nous avons constaté dans notre pratique clinique que les futurs sujets violents y sont d'autant plus sensibles qu'ils ont tous été confrontés, souvent dès leur naissance, à ce que nous appelons un échec de la séduction primaire : pour leurs parents, ils n'ont pas été le plus beau bébé du monde. Qu'offre la société à ces sujets en déficit narcissique profond ? Un comportement séducteur de la part des adultes qui exhibent la nudité, la sexualité, et la facilité de la loi du plus fort, faisant fi de toutes les étapes de la maturation psychique qui permettent de domestiquer les pulsions. À l'opposé, ce cahier du soin souligne l'aspect contenant de l'intimité et de la pudeur.

Les Cartry ne sont pas de ceux qui se voilent la face. « À l'automne de leur vie », ils ne sont pas tranquilles parce que la relève n'est pas assurée dans de bonnes conditions et parce que le monde évolue dans le sens de la destruction, de la déliaison pulsionnelle. C'est vrai. Alors, pour ne pas terminer sur une note aussi pessimiste, rappelons qu'ils ont quand même fait école en donnant envie à d'autres adultes d'être familles d'accueil thérapeutiques, et qu'ils ont permis à beaucoup d'enfants de rencontrer un homme, une femme, vrais.

Maurice Berger

« Au jeu du désir[1]... »

Le mot cahier évoque l'enfance, les promesses ferventes de la rentrée et les feuilles d'automne dans la cour de récréation (quand il y avait encore des arbres dans la cour...). Certes, ce n'est pas un cahier d'enfant mais, c'est un cahier plein d'enfants qui a recueilli des petites histoires de vie, des vignettes cliniques, des *moments* éducatifs.

Les feuilles de ce cahier-là tombent à l'automne d'une vie partagée avec des enfants et des adolescents en grande souffrance. Après un parcours d'éducateur de groupe et de directeur d'établissements, trente ans ont été vécus au plus près des enfants carencés relationnels, ces phobiques de l'abandon, dans la quotidienneté d'une famille d'accueil où se sont mêlés aux nôtres vingt-huit enfants confiés par l'aide sociale départementale. Alors qu'approche le terme de cette aventure éducative atypique, ce cahier est donc un cahier du soir. Il est écrit comme, à la fin d'une journée de travail, on vide en rentrant chez soi un gros sac de fatigue et d'émotions. Trier tous ces mots tendres, émus, coléreux, angoissés, coupables, heureux, désordonnés, c'est essayer de mettre ces mots en ordre

1. Sous ce titre F. Dolto a publié au Seuil, en 1981, un recueil de conférences. Dans celle, donnée à la Société française de philosophie le 22 avril 1972, nous lisons : « Et si l'être humain veut se dérober au jeu du désir, dans sa chair, dans son cœur, dans son travail au service de la vie, il n'a pas d'autre choix qu'un jeu où son désir est encore plus faussé que dans celui du désir risqué à la rencontre du désir d'autrui », p. 326.

de parole, et puis les mettre en route vers un lecteur inconnu et multiple au gré du transfert qui marque toutes les rencontres humaines, au risque de l'interprétation suscitée par toute lecture. De nombreux passages de ce cahier ont été condensés en chroniques hebdomadaires très courtes, trop courtes, dans un journal professionnel[1] et qui se trouvent ici comme libérées, dilatées jusqu'à la rêverie.

Entre les lignes de ce cahier peut se lire une question récurrente : que cherche un éducateur à s'occuper d'enfants, leur « bien » ? Ce serait le pire des malentendus tellement vouloir le « bien » d'autrui l'expose dangereusement aux émois de notre subjectivité, au pouvoir de nos projections, à la violence du « bien ». Alors ? engagement, don de soi, quête de sens à la vie ? Ces motivations ne sont pas forcément impures ou prisonnières d'un inconscient blessé, comme l'inconscient de tout un chacun. Qui donc est cet enfant que fut l'éducateur et qui s'adresse aux enfants dont il s'occupe ? Si, comme le dit Ricœur, « le désir est une demande adressée à un autre[2] », c'est « au jeu du désir » que tout se joue. Qu'est-ce que l'éducateur désire ? Désir insaisissable, insatisfait, faufilé dans le quotidien partagé avec les enfants dans la répétition des gestes de nourrice et de parents qui constituent, selon le mot favori de Myriam David, le « soin[3] ». Mais soigner un enfant en « famille thérapeutique » ne consiste pas seulement à le tenir en sécurité dans la réalité de tous les jours, ce qui est primordial. Il consiste aussi à fabriquer du symbolique avec l'enfant pour le décoller du réel. Ce soin donné aux enfants est le lieu d'un désir où l'éducateur intervient forcément avec l'enfant de ses parents. Et cet enfant-là complique tout !

Pudiquement, de ce désir inconscient d'éducateur, et du désir des enfants qu'il rencontre, ce cahier n'en propose que les pas sur la plage du vécu, les signes précaires et tremblés, les traces...

---

1. *Lien social*, Toulouse.
2. Entretien radiophonique
3. David M. (dir.), *Enfant, parents, famille d'accueil, Un dispositif de soin : l'accueil familial permanent*, Ramonville-St-Agne, Érès, 2000.

1

1998

JANVIER

En 1924, Marcel Mauss publiait son *Essai sur le don* qui figure parmi les textes les plus célèbres de l'ethnologie. Il y est question de la triple obligation de donner, de recevoir, et de rendre. Par conséquent, chaque don appelle un « contre-don » afin que le récipiendaire ne soit pas occupé par l'esprit maléfique du donateur :

> « Cette relation d'échange ouvre en fait le domaine de l'alliance, elle fait des étrangers, des amis, elle fait des ennemis d'hier et de demain, des alliés. »

Ce concept de « contre-don » est peut-être susceptible d'éclairer la réponse qu'un garçon de sept ans a faite à son éducateur de groupe, en internat, à propos du don de la petite souris.

Damien venait de perdre une dent de lait, perte à laquelle Dolto attache notamment la valeur d'une castration symboligène[1]. Mais Damien était bien dépité d'être, depuis la rentrée, dans le groupe

1. Qui ouvrent au symbolique, *cf.* Dolto F., *L'Image inconsciente du corps*, Paris, Le Seuil, 1984.

des grands, là où la petite souris ne vient pas, comme avant, troquer une pièce de monnaie contre la quenotte perdue. Damien était si triste que l'éducateur qui « faisait la nuit » avait, aux petites heures matinales, déposé une pièce de cinq francs contre la petite dent coincée entre les pages d'une bande dessinée.

Mon propos n'est pas de discuter le prix de ce paiement nocturne et symbolique, au demeurant susceptible de faire jurisprudence au point de susciter une ligne supplémentaire au budget de l'institution. Qu'en dirait la commission départementale de tarification ? Ce qui donne du sens à cette histoire c'est qu'au réveil Damien rejette la pièce de cinq francs en bougonnant. Le généreux donateur de la nuit — qui n'avait probablement pas lu l'essai sur le don — s'en étonne et demande à Damien la raison de sa mauvaise humeur. « J'en veux pas — maugrée Damien — parce que la souris elle a pas pris ma dent ! » Mikey-Mauss...

La délinquance et « l'incivilité » juvéniles font ces jours-ci surchauffer les machines à traitement de texte dans toutes les rédactions. Les solutions préconisées vont du tout répressif au tout thérapeutique. Les matons ou les psys. Heureusement, un excellent papier de Michel Marcus, magistrat, délégué du Forum français pour la sécurité urbaine dénonce[1] la spirale de pénalisation systématique des délits au mépris des sanctions civiles : réparation, responsabilisation, médiation, réconciliation, etc. « Si nous admettons que les incivilités sont la plaie de nos villes, que les jeunes en sont majoritairement les auteurs, alors répondons de manière civile à la multiplication de ces incivilités. »

Et l'auteur de ces lignes dénonce l'incohérence pénale de coller, d'une part, huit mois fermes à un jeune coupable d'avoir incendié une voiture et, d'autre part, huit mois avec sursis à un fraudeur fiscal de plusieurs millions.

Pierre, qui a vécu plusieurs années chez nous, a pris un an ferme pour un vol de sac à l'arraché sans violence physique. C'était son premier délit grave. Depuis sa sortie de prison il

1. *Le Monde*, du 23 janvier.

accumule les récidives inciviles, il se fait littéralement matraquer par le tribunal dans une logique de tout répressif. Au moment où j'écris, de sursis en récidives mineures accumulés, il commence sa... troisième année de détention. C'est-à-dire que le travail des éducateurs accompli, et à poursuivre, est balayé par la répression. M. Marcus écrit encore :

> « Les débats sur la violence semblent n'avoir qu'une issue : le renforcement des peines, le recours au droit pénal. Ces crispations du corps social ne sont pas forcément porteuses d'avenir. Elles nous engagent dans une logique d'affrontement avec la jeunesse devenue ennemie que nous appréhendons avec difficulté. »

(Je saisis ces notes six ans après la publication de ce texte, et, ce qui se passe au parlement à l'initiative du ministre de l'Intérieur, accomplit la prédiction de M. Marcus...)

Mars

Nous voyons disparaître les uns après les autres ceux dont la pensée a nourri notre jeunesse et largement orienté notre vie : il y a quelques années, Winnicott, Dolto, Tosquelles (qui rappelait que le premier de tous les savoirs est un savoir de nourrice...) Deligny, et puis, récemment, Maud Mannoni.

D'abord, Bonneuil, c'était ouvrir l'institution traditionnelle et confier les enfants à la vie. Ce *lieu pour vivre* était un lieu de vie qui a inspiré toutes les alternatives à la prise en charge institutionnelle enfermante. Bien sûr, Mannoni avait rencontré Laing et Winnicott.

Le séjour des enfants chez des particuliers, au plus près de la vie de tous les jours, leur soutien thérapeutique régulier, préfiguraient ce qui devrait se faire partout aujourd'hui dans le placement familial permanent des enfants confiés à des familles d'accueil par l'Aide sociale.

Et puis, Mannoni s'est insurgée contre le savoir figé, institutionnalisé, capable d'étouffer la parole de l'être qui souffre et d'éteindre son désir. Plus tard, Paul Fustier a nommé « porteurs de croyances » les Diafoirus du système institutionnel, ceux qui faisaient ricaner Deligny et maugréer Tosquelles. Mannoni replace le patient dans une aire de « jeu », une aire intermédiaire d'expérience entre le moi et le non-moi, l'extérieur et l'intérieur, le réel et l'imaginaire où le sujet, lorsqu'on lui fiche la paix, peut déployer sa créativité et exprimer, à sa façon, et dans le langage symptomatique qu'il connaît, sa souffrance.

Maud Mannoni nous a fait personnellement beaucoup réfléchir sur l'indication formelle de psychothérapie « en faveur » d'enfants ou d'adolescents retranchés dans un puissant système défensif. Elle reconnaissait, je crois, la capacité du sujet souffrant à mettre en œuvre des formations réactionnelles, des défenses, en fin de compte adaptatives et leur permettant de vivre. Elle refusait qu'on touchât à ces défenses au nom de la théorie car le sujet, lui, « sait » jusqu'où ne pas aller et lutte contre la guérison. Par contre, Mannoni privilégiait l'engagement dans la relation avec le sujet qui souffre :

> « C'est à partir du moment où le sujet expérimente qu'il peut compter sur un autre (et qu'il compte pour quelqu'un) qu'il peut accepter l'idée de la séparation sans risquer de perdre l'autre ou de se perdre. Ce qui se trouve revécu dans le transfert, c'est cette quête où le sujet se cherche en prenant le risque de se perdre en une forme de des-être, et, pourquoi pas, de folie[1]. »

Jérémie a cinq ans. Sa mère nous l'a confié pour l'après-midi. Elle est convoquée par le juge des enfants au sujet des aînés. Vaste programme...

Jérémie donc, mais pourquoi lui donnais-je spontanément le prénom biblique de la plainte ? Petit visage ingrat et souffreteux marqué par un eczéma chronique, cheveux taillés au bol par sa mère. Une vraie mutilation, prétexte à lutter contre les poux, qui rappelle les enfants de l'Assistance publique des années quarante chez des nourrices du fond de la campagne. Jérémie est sale et ne sent pas bon. Franchement, il pue. Tout pour se faire rejeter, notamment à l'école. Sitôt entré dans la maison, il renverse tous les paniers de joujoux des autres enfants qui sont en classe. Il lance les Légo à travers le séjour, déchire compulsivement un

1. Manonni M., *La Théorie comme fiction*, Paris, Le Seuil, 1979, p. 57.

album à colorier, feuillette un catalogue de vente par correspondance qu'il tient à l'envers, crie, tire à la mitraillette avec une balayette, l'abandonne dans un coin, court à la fenêtre, saute sur un banc, se plante devant la cheminée, demande à boire, se gratte la figure, marche sur son lacet, tombe, pleure un instant, file dehors, se balance au portique, enfourche un petit vélo qui traîne dans l'herbe et le jette contre un arbre, piétine dans le bac à sable, poursuit les poules en hurlant, jette une pierre aux poneys éberlués, reprend le petit vélo, le laisse, retourne dans la maison, en ressort, entre à nouveau. Il halète, pousse toutes les portes, allume les lumières, s'arrête un instant devant les poissons rouges impassibles, se gratte et s'enfuit dehors en courant. Il remonte à vélo, tourne autour de moi qui passe la tondeuse sur le gazon, se plante devant bras et jambes écartés, me force à stopper, repart, se replace devant moi, tourne, me « cherche » et me trouve, se sauve, revient et piétine les graviers de l'allée que j'ai ratissée, crie sur les poules affolées, course le petit coq, marche sur l'autre lacet (j'avais renoué solidement le premier) tombe, pleure, essuie avec sa manche la morve qui coule de son nez, court vers un tracteur qui passe, revient, saisit la brouette et la renverse, ouvre un robinet à fond.

Je le capture enfin et l'assieds de force sur un muret pour renouer ce fichu lacet. Il n'a pas de chaussettes ? Si, elles sont sales et tirebouchonnées au fond des chaussures. Je le mouche. Je le tiens bon. J'ai envie de le tenir pour une éternité de soin cet enfant effaré et palpitant.

Rarement un jeune enfant m'était apparu aussi peu contenu dans le temps, dans l'espace, dans son corps et dans la relation à l'adulte. Et, les humbles gestes du soin, réguliers, constants qui soignent la peau ; les gestes éducatifs qui limitent, soutiennent, entourent m'apparaissaient dans une sorte d'urgence thérapeutique.

Mars (suite)

Que trois jeunes de 14-15 ans, après voir préparé leur coup, braquent et tuent une commerçante de Pavilly (76) pour se procurer un Zippo est terrifiant.

Reste, si possible, à comprendre. Ministre de l'Intérieur en tête, les jeux vidéo sont mis en cause : certains jeunes vivraient dans un « cyber-monde » complètement déconnectés de la réalité. On incrimine également la violence à la télé et au cinéma. À ma connaissance, aucun laboratoire de psychologie n'a encore corrélé scientifiquement la violence de spectacle et le passage à l'acte.

Toutefois, je me sens interpellé dans ma responsabilité de citoyen, de père et d'éducateur spécialisé. Se pose, en effet, la question cruciale de la signification précoce de la loi aux enfants très jeunes et celle de notre courage à leur dire « non » très tôt.

En effet, dire non c'est contenir dans les limites structurantes d'un refus sans appel. C'est inscrire un enfant entre des bornes, c'est donner forme à l'informe psychique du petit enfant.

Bien entendu, dire non c'est, le plus souvent, entrer dans un conflit et l'assumer. C'est parfois, au-nom-de-la-loi, au nom du père, susciter des crises spectaculaires, des rages parfois terrifiantes. Je ne sache pas que notre société consumériste et matérialiste nous y aide beaucoup, qui nous invite à jouir de tout et tout de suite. Non plus que la corruption de certains politiques, que le dopage de sportifs de haut niveau proposés aux jeunes comme images d'identification. Non plus que ces princes du show-biz qui vantent publiquement la prise de drogue.

On ne peut pas dire non hors la cohérence de l'exemplarité. Dire non, c'est repousser la crudité de la jouissance, c'est, comme disait Dolto, *donner la castration.* Pour faire advenir le désir et le symbolique.

Ne pas dire non m'apparaît comme une forme majeure de mauvais traitement à enfant.

C'est pourquoi des mômes de quinze ans se brûlent à la flamme dérisoire d'un Zippo.

AVRIL

C'est pas possible comme cette gamine de quatorze ans peut m'énerver !

Arrivée à sept ans, elle vit avec nous depuis déjà longtemps. Son histoire est lourde. Elle semble avoir tout oublié, comme si, lestée de souffrance elle restait au fond d'elle-même et ne bougeait plus. Certains enfants ont le génie particulier de vivre en quelque sorte à côté d'eux-mêmes. Ce sont des enfants « comme si ». Nous sommes déconcertés par ces enfants qui luttent contre la guérison, somnambules dans leur histoire d'abandon, de sexe douteux, de cruauté qu'embrume le déni.

Curieusement ils nous répondent toujours « oui » avec des phrases qui commencent par... « non » ! Qu'est-ce que tu fais, Céline ? « Non, je fais mon anglais... » Ce « non » comme un verrou sur la bouche, comme un bâillon sur un cri.

Oh, Céline n'est pas gênante, elle ne perturbe pas la maison. Elle marche à côté de nous sans bruit, une sourdine sur le cœur.

Et puis des fois fugitives, entre deux portes qu'elle croit fermées, dans un couloir qui paraît vide, on entend une injure énorme, une obscénité surréaliste. Quelque chose enfin sortirait ?

Nous tentons de coudre ensemble quelques mots dialogués, de parler, avec l'impression de nous tenir près d'elle au bord d'un puits pour tenter d'en remonter un seau ruisselant de souffrance. Ne lui viennent alors, dans un hoquet, que des larmes silencieuses. La violence et l'obscénité des gros mots sont retombées comme une pierre au fond du puits. Ca y fermente dans la vase du vécu antérieur.

Hier matin, beau temps d'avril. Nous avons pourtant refusé qu'elle monte ce vieux poney à la retraite et qu'il faut ménager. Céline criait aux arbres du jardin : « Ça me fait chier, mais chier !!! » Et pleurait.

Nous avions l'impression qu'une étreinte en elle se desserrait peut-être. Alors, insupportablement oppressé, je l'ai secouée par les épaules en criant : « Ne pleure pas Céline, hurle ! »

Comme dit la chanson : « Nous irons sur l'eau nous y prompromener, nous irons jouer dans l'î-î-le[1]... » Si bien que nous

1. « À Saint-Malo beau port de mer », etc.

sommes partis à trois familles d'accueil pour Chausey, petite île face à Granville, au cœur d'un archipel de granit, celui dont est bâti le Mont Saint-Michel. Départ au petit matin brumeux, marée oblige. Vent frisquet et pluvieux qui n'augure rien de bon. Mômes ensommeillés qui ronchonnent. Et puis, pour une heure, le vent de travers. La vedette semble ouvrir le ciel bas qu'un grain violent liquéfie soudain. Tous les ados d'un groupe scolaire s'abritent dans la cabine et chantent contre le vent avec un accent chaleureux. Ils sont de Toulouse en visite sur nos terres normandes. Inhibés, les nôtres restent cois. Le printemps ouvre enfin le rideau de pluie sur la beauté de l'île : sombres récifs dans la mer cobalt, pentes couvertes d'ajoncs en fleurs, pins tourmentés de vent d'ouest, petites maisons blanches aux volets bleus. Nous pataugeons dans des flaques de lumière glacée.

Les collègues éducateurs des autres familles, les amis rameutés, tous les enfants mêlés sont là pour passer ensemble quelques jours au centre nautique. Vie communautaire qui met tout en commun : la cuisine, le feu, les balades. Il y a de jeunes enfants, des ados, des bébés mélangés dans cette liberté qui s'attache à la mer. On marche, on grimpe, on glisse. On rentre trempé et frigorifié pour la soupe aux généreuses louchées. Des enfants font le tour de l'île en kayaks, traits jaunes et furtifs sur le bleu calme de l'eau. Nous les suivons du haut des chemins rocailleux bordés d'ajoncs trempés et glacés, aux effluves tropicaux de noix de coco qu'exalte pourtant un tiède soleil.

Il faudra bien repartir à la marée haute du troisième jour. Adieux à l'or des ajoncs, au sable immaculé des petites plages cachées, à l'eau lustrale des criques !

Les jeunes des grandes cités urbaines dites « sensibles » ne nous sont pas familiers. En effet, dans la petite ville proche ou sur la plage voisine, croiser un jeune beur ou un petit black est rarissime. Lorsque cette rencontre survient, on en parle.

L'une de nos filles est monitrice d'équitation au centre équestre où la plupart des enfants de la maison ont appris à monter, à soigner, à aimer les poneys et les chevaux. Cette semaine, elle doit accueillir et mettre en selle un groupe d'adolescents que leurs éducateurs ont extraits de la banlieue parisienne pour une quinzaine de jours. Le groupe, je veux dire la bande, non la horde, pénètre dans le centre équestre comme sur une piste de karting. Il faut rassembler les ados, les faire tenir en place, affecter un cheval à chacun et leur expliquer que ça ne fonctionne pas comme une moto volée. « Ouais — dit Kader — moi j'monte pas là d'sus. » C'est bien difficile de placer tout ce monde en piste pour une première reprise initiatique : il faut que chaque garçon soit assis au fond de sa selle et tourne lentement au pas. Justement, « au pas ». Pourtant, rien de fasciste dans ce programme ! Il faut seulement tenir les rênes courtes, bien descendre les jambes et garder son buste incliné en arrière. Par conséquent, c'est bien de règles qu'il s'agit, chaque ado chevauchant en quelque sorte la métaphore de la loi...

Ils partent dans tous les sens, hurlent de peur. En effet, rien ne se passe comme dans les jeux vidéo qui plongent le joueur dans l'immédiat de la jouissance et de la toute-puissance. À cheval, couché sur l'encolure, ballotté en tous sens ou carrément projeté dans la sciure, tout n'est pas « cool ». De plus, chaque injonction de la monitrice, si rassurante soit-elle, est ressentie comme une attaque frontale, un déni de virilité. Douze paranos de banlieue égarés dans le manège se déclarent injuriés dans leur mère et dans toutes les générations antérieures. Tel agresse verbalement la monitrice, tel autre veut galoper immédiatement que son cheval projette hargneusement par-dessus son encolure. Un autre ado en déroute s'enfuit en hurlant contre : «... ces conneries de merde de poneys à la con... ». Saumur est loin ! « Pourtant — crie Hocine — la mono elle est bonne... Ah, ta mère toi... »

Ils reviendront pourtant, plus calmes, apprivoisés, mais frémissants encore sous la main comme un poulain craintif.

Quelques années plus tard, je lirai sous la plume de d'Olivier Douville :

> « Enfin, ces jeunes dont je parle [...] jetés dans le monde, et non encore présentés au monde, ces enfants de l'exil vivent l'itinéraire parental comme un lent processus d'autodestruction, comme une errance dans un monde au sein duquel toute forme de réciprocité a été retirée au sujet. Le nom même qu'ils portent

> n'est ni un signifiant, ni même une trace qui leur servirait d'emblème ou de refuge. Leur nom ne les appelle plus. La chute des altérités, la chute des récits qui mettent en métaphore le père, ont une immédiate conséquence : la valeur pulsionnelle de ce qui revient du dehors va se trouver extrêmement et entièrement reprise, dans la crainte ou dans la panique jouissante[1]. »

En exergue de sa contribution, l'auteur, qui est psychiatre-psychanalyste auprès d'adolescents, notait ce proverbe bambara : « La parole qui sort de ta bouche est la parole de ton père ; celle qui reste dans ton ventre est la parole de ta mère. »

MAI

Mai 1968 est entré en mythologie. « Que faisiez-vous en Mai 1968 ? » demandent parfois nos grands enfants. Ou comme dit la fourmi de la fable : « Que faisiez-vous au temps chaud ? »... Mai 1968 est un mythe. Dans son essai *Le Mythe et l'Homme*, Roger Caillois observe que, dans des circonstances toujours exceptionnelles, des héros jouent nos angoisses, nos conflits, nos révoltes, et réalisent parfois nos attentes *à notre place,* en quelque sorte par procuration. « Le héros est celui qui trouve à celles-ci une issue heureuse ou malheureuse[2]. »

Ce qui est en cause en Mai 1968 c'est Dieu, ce sont les dieux, les mandarins, le père, l'État, le maître, les pouvoirs institués. En bref, l'autorité. Tient-elle sa légitimité du pouvoir intrinsèque ou de la compétence ? Quel est le principe de sa légitimité ? Questions qui renvoient notamment aux travaux de M. Weber.

Lorsque j'étais enfant, toute autorité procédait de Dieu ou d'un dieu. Le maître d'école, le parent, le prêtre, le chef de gare ou de bureau, le policier, le chef de rayon de la Samaritaine étaient inscrits dans un ordre supérieur en soi. Petits, nous apprenions à nous courber devant les chefs et grandissions avec une sorte de scoliose psychique à force de nous incliner. Pour avoir, avec une précocité soixante-huitarde, répondu « merde » au directeur de

---

1. Lauru D. (dir.), *Le Transfert adolescent*, Ramonville-St-Agne, Érès, 2002 p. 134-135.
2. Callois R., *Le Mythe et l'Homme*, Paris, Gallimard, 1938, p. 27.

l'école paroissiale, j'avais dû, à genoux sur l'estrade, et devant toute la classe, demander pardon, mains sur la tête, une pancarte d'infamie attachée sur le dos de ma blouse noire à liserés rouges. Et le maître a fait un discours que j'ai compris bien plus tard, lorsque R. Barthes a prononcé sa leçon inaugurale dans une autre école[1] : « J'appelle discours de pouvoir tout discours qui engendre la culpabilité de celui qui le reçoit[2]. »

Fronde en mains, injure en bouche, les lanceurs de pavés de Mai 1968 étaient des David insurgés contre l'institution Goliath. À les voir alors, du fond de mon village si loin de Paris, je sentais ma scoliose infantile d'humiliation disparaître par identification aux héros du mythe.

Mais ce fut aussi, après la mort du roi en 1793, la mort annoncée du père. On ne s'en est pas remis. Il ne faut mettre ni les enfants ni les pères à genoux.

Les mâles de tous les pays, à commencer par les Américains, fantasment sur le Viagra nom générique du génie génital. On se demande ce que cette ruée dans les pharmacies cache de détresses d'alcôves et de fragilité narcissique chez les hommes de notre temps, quoique les préoccupations ithyphalliques aient toujours habité les mâles. La question se pose de savoir ce que c'est qu'un homme. Rambo, Superman, ce mec mal rasé de toutes les publicités appuyé contre un gros 4×4 métaphorique ? Pourquoi les petits garçons, les ados, les hommes sont-ils encore appelés à bander d'abord et à bander toujours ? Un homme, est-ce Priape à la pharmacie ? Un petit livre publié récemment par les éditions du Serpent à Plumes est significativement titré *Ma mercedes est plus grosse que la tienne*[3]. De quoi mettre les psychanalystes au chômage technique !

1. Le Collège de France.

2. Barthes R., *Leçon inaugurale au Collège de France du 7 janvier 1977,* Paris, Le Seuil, 1989.

3. Nwankwo N., *Ma Mercédès est plus grosse que la tienne,* Paris, Serpent à Plumes, 1998.

Moi, j'aime assez les anti-héros, les hommes fragiles qui ont la force de cette fragilité, et qui ont, pourquoi pas, le don des larmes. Ceux-là sont accessibles. Ce n'est pas pour notre force que nous sommes aimés mais pour notre faiblesse, et, notre rencontre la plus profonde avec une femme s'accomplit dans l'espace fragile de la tendresse. Comme le dit Aragon :

> « Chambres d'un moment
> Qu'importe comment
> On se déshabille
> Tout est comédie
> Hormis ce qu'on dit
> Dans les bras des filles[1]. »

Mais l'homme « fragile » sait dire non au pouvoir, à l'argent, au pouvoir de l'argent, à la corruption, à la violence. Mais il n'existe pas de Viagra pour cette raideur morale.

MINOU EN MAI...

À la tribune d'un congrès récent sur le placement familial permanent, un psychologue évoquait une petite fille récemment accueillie dans une famille et qui manifestait sa colère intérieure et sa souffrance en martyrisant les animaux familiers de la maison. Elle finit par mettre le chat dans le four à micro-ondes. « Ce fut terrible pour cette famille d'accueil », affirmait le psychologue. Derrière moi, quelqu'un a murmuré : « Ça a dû être encore plus terrible pour le chat ! »

JUIN

Je viens de lire *Grâce et dénuement* d'Alice Ferney[2].

Une famille erratique de Gitans squatte un terrain privé à la périphérie misérable d'une grande ville. Quelques caravanes minables, une poignée de mômes crasseux, rieurs, illettrés,

1. Aragon L., *Œuvres poétiques*, Paris, Livre Club Diderot, 1981.

2. Ferney A., *Grâce et dénuement*, Arles, Actes Sud, coll. « Babel » n° 439, 2000.

aimés. Des adultes dignes, pudiques, violents. Et, au centre des gens et des choses, le feu. Plus exactement une vieille femme qui entretient le feu. C'est Angéline, pivot de la tribu et dont A. Ferney écrit qu'« elle est pleine de temps et de mémoire ».

Une jeune femme survient qui s'arrête au bord du camp, à la marge. C'est une gadgé, institutrice de son état, mère de famille, et qui passe ses mercredis de congé scolaire à faire connaître et aimer les livres aux enfants par le merveilleux des contes. Méfiants, sur le qui-vive, les petits Gitans s'approchent quand même. Et l'institutrice se met à lire au bord de sa voiture. Elle donne des mots aux enfants comme des miettes aux oiseaux et finira par les apprivoiser. Les adultes aussi, que sa prudence et sa modestie rassurent.

L'institutrice se liera d'amitié avec Angéline, fidèlement, jusqu'à la mort de la gardienne du feu.

Ce beau livre, écrit avec une pudique émotion, ouvre au bonheur et à la liberté de la lecture. Je l'avais posé depuis quelques jours lorsque je fus attiré vers la fenêtre par les cris d'une gamine courant derrière sa mère sur la petite route qui borde notre maison. La femme, une multitude de paniers aux bras, balançait hardiment son ample jupe bariolée. À la grille du jardin, juin faisait éclater les premières roses. La petite fille s'en est approchée, la main hésitante, craintivement tournée vers nos fenêtres. Elle touche une fleur, hésite, interroge nos fenêtres des yeux et non sans brusquerie arrache une rose qu'elle emporte en courant.

Je suis descendu trop tard sur la route pour la rejoindre à temps, pour lui dire que je venais de rencontrer les siens dans un livre, et lui confier un gros bouquet de roses jaunes pour Angéline.

L'approche des vacances d'été oblige les internats à réorganiser le travail des éducateurs qui vont, tour à tour, partir en congé. Les contraintes conventionnelles (amplitude horaire de temps de travail[1], récupérations diverses, congés de maternité,

1. Selon laquelle on ne doit pas travailler plus de dix ou douze heures consécutives, selon qu'on se réfère au Code du travail ou à un éventuel accord d'entreprise.

organisation des « transferts ») obligent trop souvent à recruter pour un temps limité des personnels de remplacement, sans expérience ni formation, auxquels on assigne le rôle d'éducateur. Ces dispositions contractuelles opportunistes posent une question déontologique sérieuse. En effet, les critères de coût du personnel prévalent souvent sur les critères de compétence. Certains établissements embauchent l'intérimaire le moins expérimenté au prétexte avoué sans vergogne qu'il coûtera moins cher...

Ainsi, me raconte un correspondant, cet établissement qui avait recruté pour l'hiver un excellent éducateur-stagiaire, s'était engagé à le garder pour l'été. Au terme de son contrat, la candidature d'un inconnu sans expérience des adolescents difficiles fut retenue en raison de contraintes budgétaires. On pourrait cyniquement en déduire que, dans notre champ professionnel, les chances d'être embauché sont inversement proportionnelles à la compétence.

Dans le même temps que l'excellent stagiaire évoqué plus haut était remercié, le conseil général du département tarificateur[1] publiait une offre d'emploi très sélective en vue de remplacer temporairement le responsable de son service informatique. On peut en conclure que le parc informatique départemental est plus précieux que les adolescents de l'internat.

Si nous sommes d'accord pour estimer que les fonctions d'un éducateur sur un groupe d'enfant ou d'adolescents consistent à être sécurisant, à savoir assumer des conflits structurants, à reconnaître et à maîtriser ses émotions, à mettre en œuvre des connaissances cliniques, à conserver une bonne distance relationnelle avec les jeunes, à faire preuve de créativité pédagogique, à travailler en équipe, etc., alors on peut considérer que les critères d'embauche de certains établissements, dits spécialisés, touchent au déni d'éthique et à l'imposture.

David a treize ans. Il a passé toute son enfance chez nous et vit aujourd'hui dans une famille d'accueil très liée à la nôtre.

1. Qui arrête le prix de journée pour l'année comptable.

Il vient nous voir toutes les cinq ou six semaines et retrouve alors ses jeunes frères, Rémi et Grégoire, neuf et six ans. Ce matin, génial, il offre à Grégoire un gros pistolet en plastique. Immédiatement, ce dernier part en guerre à travers le jardin et tue nombre d'ennemis. Macho et tout puissant, il brandit son arme avec une évidente jubilation phallique.

Ce récit resterait contenu dans les limites de ce massacre symbolique et de cette exhibition virile, si nos petits-enfants Martin et Quentin, trois et quatre ans, que nous accueillons depuis quelques jours, n'avaient pas réagi à cette démonstration de puissance. En effet, jaloux, ils poursuivent Rambo à travers le jardin, écrasent les dahlias, renversent chaises et fauteuils et assiègent Grégoire haletant sous la table de ping-pong.

Des hurlements annoncent un dénouement cruel. Les adultes interviennent enfin au moment où Grégoire perd son arme dans une mêlée inextricable. C'est l'enfer des vacances : les mômes chialent, les parents s'engueulent, les grands-parents s'interposent en vain. Merci David !

La paix revenue, le père de Quentin, éducateur spécialisé de son état, ce qui ne garantit pas forcément les compétences paternelles, achète un pistolet à son fils au prétexte d'équilibrer les forces en présence. Émue par le désespoir de Martin qui est sans armes, Janine, sa grand-mère, éducatrice spécialisée, ce qui n'arrange rien non plus, lui rapporte un pistolet du supermarché.

Heureusement, dans ce réarmement général, je suis là, je veille. À moi tout seul je suis une commission de sécurité, je me réunis dans l'urgence et publie une résolution sans appel. Il y est dit que, de toute façon, les garçons fabriqueront des armes avec des branches arrachées aux tilleuls de l'allée, qu'il convient par conséquent de geler la situation et de se tenir aux jeux symboliques.

Il n'empêche que, toutes proportions gardées, nous sommes dans l'effrayante métaphore de la course aux armements.

Septembre

Sur la terrasse, je soigne les rosiers, au calme, dans la paix d'un moment de grâce. La radio diffuse une brise sonore. Une petite fille joue le larghetto du concerto pour piano n° 24 de Mozart[1]. Ce ne peut être qu'un enfant, certainement une petite fille à cause de la fraîcheur de son jeu coulant de source. Je me demande toutefois comment des petits doigts parviennent à un legato naturel comme les enchaînements d'une respiration. Rien de virtuose, la musique seulement, comme un chant, le lyrisme spontané de l'enfance. Le thème est chanté par la main droite soutenue à gauche par une lente palpitation. C'est une musique qui dispose au bonheur pour la journée.

La « petite fille » était Clara Haskil en concert au mois de décembre 1955. Je n'en suis pas surpris. Dans ma jeunesse, cette pianiste m'avait donné Mozart. Elle était totalement humble, effacée devant une partition. Interrogée par un musicologue un peu cuistre sur l'interprétation de Mozart, elle répondit « candidement » : « Je joue ce qui est écrit ! »

Le soir même de ce bonheur, nous sommes allés avec tous les enfants de la maisonnée contempler la haute marée d'automne qui était lisse et calme comme un lac. Les plus petits, assis sur un rocher, pouce dans la bouche, observaient le soleil couchant, grosse pièce d'or pâle tombant dans la tirelire de l'horizon. Nous nous taisions. J'avais en tête le larghetto du matin.

De retour à la maison, nous constatons qu'une « brique » de lait est accrochée au cytise de la terrasse. Rémi l'a ouverte sur un côté et garnie d'herbe sèche pour accueillir les hirondelles sur le départ. Justement, elles perchent par dizaines sur les cinq fils de la ligne basse tension, portée électrique. Si bémol trois fois, mi bémol. Dans le doux ciel du soir Clara Haskil joue ce que les hirondelles ont écrit.

OCTOBRE

Après avoir calé cette cassette vidéo entre deux grosses pierres, au fond du jardin, je l'ai attaquée à la lampe à souder ! Sodomies et fellations sont parties en fumée nauséabonde attaquer la couche d'ozone.

---

1. Concert du 8 décembre 1955, orchestre national, dir A. Cluytens, CD Montaigne.

Nous avons accueilli Éric tout petit. Il a treize ans. C'est lui qui a introduit subrepticement dans la maison cette cassette prêtée en douce par un copain lequel la tenait d'un autre écolier au fil d'une chaîne de complicités érotisées. Il s'en est fallu de peu que, impubères comme un œuf, les petits frères d'Éric voient la cassette.

Dans l'herbe roussie il n'en reste qu'un dépôt carbonisé. Reste aussi ma perplexité : cette crémation ne sert strictement à rien, à passer ma colère peut-être. Prévenue, la mère du copain d'Éric ne s'émeut pas plus que s'il s'agissait d'une vidéo de Robin des Bois. Comme de nombreux enfants, les siens sont des virtuoses du magnétoscope et enregistrent n'importe quoi grâce au programmateur. En famille, les plus petits regardent des obscénités en suçant leur pouce. Les plus grands sont à bonne hauteur pour atteindre sur l'étagère des vidéos les films pornos calés entre un catalogue de vente par correspondance et la *Cuisine de Tante Marie*. Certains ont vu leurs premières images de sexe, bien calés sur les genoux de leur père dans la paix des familles. Ce que racontent les dessins projectifs qu'ils montrent aux psychologues.

Il y a quelques jours, la presse racontait que trois gamins de 10-12 ans avaient violé une fille 14 ans à la sortie de l'école. L'école buissonnière du sexe, si l'on ose dire...

Bien sûr, en confisquant la cassette, nous avons rappelé à Éric les interdits, les limites, la loi. Nous avons réorienté la sexualité dans le sens de l'amour.

J'ai l'air fin avec ma lampe à souder dès lors que de beaux esprits viennent de réaffirmer dans les médias que la liberté de diffusion des vidéogrammes est une valeur fondamentale de la démocratie.

Je suis la, perplexe et cafardeux, un peu ridicule avec ce lance-flammes à la main...

« C'est un trou de verdure où chante une rivière... » La mémoire d'Éric, encore lui, est aux prises avec Rimbaud « accrochant follement aux herbes des haillons d'argent ». Au bout de la table de la cuisine, Éric se cramponne à son cahier de récitations, le triture, l'écorne « où le soleil de la montagne fière, Luit : c'est un petit val qui mousse de rayons ». Éric s'arrête un moment au bord de cette rivière qui chante. Le chant de cette source le trouble. Il hésite, recommence, inverse les mots, bafouille. Secourable, j'enchaîne depuis le bureau voisin où je travaille : « Un soldat jeune, bouche ouverte, tête nue, et la nuque baignant dans le frais cresson bleu... » Éric vient se planter devant moi, interloqué, bouche ouverte. Je continue : « Dort. Il est étendu dans l'herbe sous la nue... » Éric se prend au jeu des strophes alternées et poursuit : «... pâle dans son lit vert où la lumière pleut. »

Ce gros dur d'Éric continue avec moi ce dialogue par-dessus un trou de verdure où repose un soldat mort. «... Les pieds dans les glaïeuls, il dort Souriant comme sourirait un enfant malade Nature, berce-le chaudement : il a froid... » Éric butte sur les mots, il peine. Je le relaie : « Les parfums ne font pas frissonner sa narine ; Il dort dans le soleil la main sur la poitrine... » Éric écorche enfin le dernier vers : « Tranquille, il a deux trous rouges au côté droit. »

NOVEMBRE

La pluie depuis des jours et des jours, tellement épaisse qu'on vit dans une éponge. Tout est gluant, clapoteux, gris. Que faire des mômes quand tout au jardin les repousse, quand tout le monde à la maison est excédé ? Janine en emmène deux chez le dentiste. Ça les occupera un moment et, la bouche occupée ils ne pourront pas crier. Je prends les deux plus petits, Grégoire et Martin, 5 et 3 ans. Nous partons faire les courses au supermarché. Chacun des enfants pousse un petit caddie aux armes du distributeur. Ils me suivent docilement de gondole en gondole... jusqu'au moment de se jeter l'un sur l'autre, caddie contre caddie en un tournoi ferraillant. Je sépare ces deux chevaliers de grande surface et leur octroie à chacun un gros caramel. Bonne tactique : ils ont la mâchoire collée et j'ai la paix. Fin des courses. Martin se retrouve un moment sur le tapis roulant de la caisse...

Nous sortons tous les trois. Il pleut tellement que nous nous réfugions à la jardinerie voisine, côté animalerie. Un serpent digère une souris et dort. Les gerboises font des bonds dans les copeaux de leur litière. Le coin des hamsters grouille de bébés nus et roses. Nous évitons les mornes poissons. D'ailleurs, tout ce qui est mouillé nous fait fuir. Nous passons enfin devant les deux vedettes du rayon, deux crâneurs : un perroquet et un mainate. Le premier nous méprise et retourne à sa mangeoire dont nos « bonjour coco ! » convenus ne parviennent pas à le distraire. Par contre, tel un agent de sécurité, le mainate nous inspecte des pieds à la tête et finit par nous dire très distinctement « bonjour ! ». Ravis, les petits lui parlent avec amitié. « T'es con-merde » répond le mainate.

Indigné, Martin affirme : « Houlà ! il dit des gros mots comme papa ! » Des gens se retournent, intéressés. J'ai honte et tire les gosses vers la sortie tandis que Grégoire crie : «... et même que Jean, des fois, il cause pareil ! »

Dans toutes les entreprises, les instances paritaires sont appelées à négocier à propos de la réduction de temps de travail à trente-cinq heures hebdomadaire, ou ARTT. Le secteur du travail social n'échappe pas à cette obligation qui a force de loi. Les enjeux de ces négociations sont multiples : solidarité entre salariés, partage équitable du travail, créations éventuelles d'emplois, productivité, redéploiement des moyens de production, difficultés techniques liées à la spécificité de telle ou telle activité.

Pour les éducateurs « de terrain », notamment ceux qui travaillent en internat, la question de l'ARTT met sérieusement en cause le sens de la relation éducative.

En effet, il faut reconnaître que depuis la mise en œuvre de la convention collective du 15 mars 1966 et des nombreux avenants qui l'ont alourdie et compliquée, le temps de présence des éducateurs auprès des enfants a progressivement été réduit, rongé par le temps consacré aux réunions, à la supervision, aux démarches extérieures, etc. Des veilleurs de nuit sont entrés dans les internats pour alléger le temps de travail des éducateurs de groupe, retirant du *sens* à la relation éducative avec des enfants insécurisés et fragiles.

En raison de la RTT va-t-on réduire encore le temps de présence des éducateurs auprès des enfants et des ados ? Faut-il absolument morceler un peu plus les relations adultes-enfants en multipliant auprès d'eux les intervenants pour être en règle avec la loi ?

Pourquoi ne pas inscrire le travail des éducateurs dans un forfait annuel à l'intérieur duquel pourraient se déployer des temps cohérents de créativité pédagogique et de continuité éducative ? Reste évidemment la contrainte de l'amplitude du temps de travail qui est en complète contradiction avec ce que le temps passé ensemble donne de sens à la relation éducative.

Les syndicats s'arc-boutent sur les textes conventionnels et réglementaires en alourdissant le fonctionnement institutionnel sans référence à l'éthique de la relation aux enfants. C'est l'institution qui est ainsi protégée et qui s'alimente à son propre fonctionnement tant il est vrai que les institutions survivent toujours aux idées intelligentes et généreuses qui les ont fait naître.

Novembre qui n'en finit pas...

Pierre vient de sortir de prison. Enfin, un peu de lui-même en est sorti dans l'éblouissement de la liberté. L'autre de Pierre est resté enfermé dans les habitudes et l'aliénation carcérales. Sortir de taule après un long emprisonnement c'est, paradoxalement, une sorte d'arrachement, une violence...

Cet homme qui sort fut, pendant des années, chez nous, un jeune garçon chaleureux, explosif, perturbé par des parents fous et gravement toxiques. Entre deux portes, au moment des rencontres enfant-parents, ces derniers ne manquaient jamais de lui murmurer : « On va te reprendre... » ou le roman familial[1] instillé comme un poison. Pierre s'accrochait à cette promesse récurrente, repartait chez lui, recevait des coups, nous appelait la nuit au téléphone et demandait au juge des enfants de revenir chez nous.

1. Représentation idéalisée, fantasmée, que l'enfant se fait de sa famille d'origine (Freud, 1909).

Nos grands enfants à nous, nous les lançons dans la vie lestés de richesses : amour, sécurité, préoccupation anxieuse et tendre. Ils grandissent sûrs de nous, ancrés sur nous. Lorsque, jeunes adultes ils nous quittent, on les déménage, on les installe, on signe des cautions, on avance des sous (sans illusion de remboursement...) on laisse une petite voiture... Ils repartent de la maison un soir de week-end avec du linge propre et repassé, une terrine de pâté maison, des œufs frais et une grosse bise pour la semaine.

Mais celui-là qui sort de prison, il est seul. Il arrive chez nous avec un petit bouquet qu'il pose pudiquement sur la table de la cuisine. Bouquet pour le cimetière des bons moments enfuis. Petit bouquet de chrysanthèmes jaunes pour le deuil impossible d'une enfance foutue, petit bouquet de dernier de la course.

Au monopoly des choses de la vie, retour à la case départ. Chercher du boulot, une piaule, des fringues, une mob... Ramer à contre-courant du possible, à contre-destin, à contre-vie.

DÉCEMBRE

Page 25 de son livre majeur, Françoise Dolto nous fait comprendre ce qu'est « l'image inconsciente du corps[1] » à la lumière d'une merveilleuse observation clinique : seule avec Dolto, une petite fille dessine un bouquet de fleur épanouies dans un vase plein d'eau. La mère de l'enfant les rejoint ensuite dans le bureau. Pendant que sa mère s'entretient avec la psychothérapeute, la petite fille commence un nouveau dessin. Cette fois c'est un bouquet de fleurs fanées affalées dans un vase vide. Et Dolto commente : « L'image du corps est la synthèse vivante de nos expériences émotionnelles. »

Dans quelques semaines, les journées Dolto vont s'ouvrir à l'Unesco. Il ne faudrait pas en détourner le sens dans une célébration doltomaniaque exacerbée par les médias. En effet, Dolto n'est pas la « grand-mère de la psychanalyse », il y a trop de jeunesse dans sa pensée, même au tard de sa vie, notamment dans les derniers entretiens au cours desquelles elle évoque son

1. Dolto F., *L'Image inconsciente du corps*, Paris, Le Seuil, 1984.

enfance rebelle et la naissance de sa vocation de « médecin d'éducation ». Dolto avait parfois, la faculté des interventions éclairs inspirées par des intuitions cliniques géniales. Dans *Séminaire de psychanalyse d'enfants* elle pouvait donner à croire à une sorte de « magie » thérapeutique : un mot diagnostique et un mot guérisseur. C'était son charisme certes, mais surtout le fruit d'une expérience clinique immense et d'une exceptionnelle capacité d'identification à l'enfant qu'on lui présentait. Dans *L'Image inconsciente du corps* un éducateur peut trouver la lumineuse conceptualisation des castrations symboligènes qui ouvrent la voie au symbolique et qui amorcent les processus d'humanisation. Pour Dolto, donner la castration fondait le travail éducatif.

En reconnaissant ce que nous devons à Françoise Dolto, nous ne devons pas oublier notre dette à l'égard de chercheurs et de cliniciens moins médiatisés. Je pense notamment à Sophie Morgenstern[1] qui, la première a écouté des enfants en les faisant dessiner ; à Myriam David et Geneviève Appel qui ont accompli un formidable travail de défrichage clinique dans le champ des pouponnières où selon l'expression de M. David, les bébés « se déshumanisaient ». Je pense à cette famille de pensée où figurent Harlow, Spitz, Bowlby, Anna Freud qui a précédé les travaux de Lemay, Mazet, Houzel, Montagnier, Brazelton, Cyrulnik, Rappoport, Lamour, et de tant d'autres qui se sont passionnément engagés sur la question cruciale des troubles de l'attachement, des relations mère-enfant, nurse-enfant, des compétences du bébé, de l'évolution dynamique du jeune enfant. Curieusement, Emmi Pikler, créatrice de la maison d'enfants de Loczy[2] à Budapest, ne s'inscrit pas dans cette « lignée », probablement pour des raisons politiques de frontières et de communication avec l'extérieur. Pourtant, Emmi Pikler s'est posé les mêmes questions, aboutissant à des réponses pédagogiques qui ont devancé celles des pouponnières et des maisons d'enfants des pays libres.

Faut-il dans cette trop courte énumération oublier Rosine Lefort et la « fonction de miroir » de l'analyste, les livres

1. Analysée par Freud, voir l'intéressant résumé bio-bibliographique *in* Roudinesco É., Plon M., *Dictionnaire de la psychanalyse*, Paris, Fayard, 1997, p. 694.
2. David M., Appell G., *Loczy ou le Maternage insolite*, Paris, Scarabée, 1973.

courageux d'Alice Miller qui rappellent cette « théorie du traumatisme » « oubliée » par Freud, Frances Tustin aux prises avec la clinique de l'autisme infantile, ou l'admirable travail de Ginette Rimbault sur l'enfant et la mort ?

2

1999

JANVIER

Le concept d'« objet transitionnel » inventé en 1951 par Winnicott[1] dans son ouvrage de référence *Jeu et réalité* est en psychopédagogie l'un des plus originaux, des plus féconds, des plus simples, et, paradoxalement, ce qui n'est pas surprenant chez Winnicott, l'un des plus difficile à expliquer.

En fait, l'objet transitionnel ne représente rien, contrairement à l'idée reçue. Il ne représente pas la mère. Il permet au jeune enfant d'établir une continuité entre deux moments, deux espaces, deux situations, de façon à ne pas tomber dans une angoisse impensable[2]. Cette continuité est probablement l'amorce de la fonction symbolique mais pas encore celle de la représentation. À l'aide de son *doudou,* peluche, chiffon, l'enfant gère au mieux ses affects sans se désorganiser.

Winnicott écrit que cet « objet » constitue « ce que nous percevons du voyage qui marque la progression de l'enfant vers

1. Médecin et psychanalyste anglais, 1896-1971.
2. Que l'enfant ne peut pas mentaliser.

l'expérience vécue ». D'ailleurs, ce n'est pas tant l'objet utilisé qui compte que l'utilisation de cet objet.

Notre petit-fils, Quentin, dix-huit mois, possède depuis sa naissance un ours en peluche appelé Balou. À l'époque de cette vignette, sa maman partait souvent travailler en fin d'après-midi, à cette heure entre chien et loup qui étreint de mélancolie le cœur des humains. En hiver, c'est l'heure des lampes et du feu. Quentin serre Balou contre lui, regardant fixement sa maman monter en voiture et descendre l'allée du jardin vers la route. Les feux de stop font un clin d'œil d'adieu, et puis, plus rien qu'un ronronnement qui décroît. Plus rien que ce manteau de chagrin posé sur les épaules de Quentin par la fin du jour, la fin de maman.

Alors, Quentin s'approche du talus qui borde l'allée, s'agenouille, couche Balou dans l'herbe, le recouvre soigneusement de feuilles sèches et de branches mortes. Winnicott a écrit : « S'il y a quelque chose de vrai dans ce que je dis, il se trouvera que les poètes en auront déjà parlé. »

La multiplication des affaires à caractère sexuel dans lesquelles sont impliqués des enfants auteurs et/ou victimes, a suscité une jurisprudence qui fait obligation à tout un chacun d'en saisir systématiquement l'autorité judiciaire. Mon propos n'est pas d'inviter à transgresser la loi mais de proposer une réflexion supplémentaire compte tenu de l'extrême intrication des problèmes.

L'abus sexuel d'un enfant commis par un adulte dans la famille, le plus souvent le père, lorsqu'il est dénoncé, provoque une réaction en chaîne dont la moins paradoxale n'est pas la culpabilisation de la victime dès lors que la famille explose sous le coup des décisions judiciaires (incarcération, témoignages, etc.). Il reste, et c'est primordial, que le coupable et la victime sont nommés, que la loi est énoncée.

Par contre, lorsqu'il s'agit de pratiques sexuelles survenues entre enfants de même âge, souvent à l'approche de la puberté, la qualification des faits pose aux éducateurs un difficile problème de discernement et de conscience. La question est en effet de savoir à partir de « quoi » il convient absolument de saisir le juge.

Autrement dit : faut-il systématiquement judiciariser les manifestations de la sexualité enfantine ou adolescente ? Quels sont les critères selon lesquels cette sexualité peut être interprétée dans les limites de la relation éducative ? En effet, nous savons que la sexualité des enfants, et des adolescents bien sûr, est active, prégnante, universelle. Exhibitions, défis, « concours », attouchements, mimiques réalistes de rapports hétéro ou homosexuels, passages à l'acte partiels ou complets, quelles en sont les victimes coupables et les coupables innocents[1] ? En tout cas la sexualité est à l'œuvre, c'est une affaire vieille comme l'enfance qui est appelée dans de très nombreux cas à rester dans les limites de la relation éducative, sauf à se défausser continuellement sur le juge par peur de poursuites au pénal. En effet, dans de très nombreuses situations l'éducateur (l'équipe éducative) peut rappeler la loi, prononcer une sanction, imposer une réparation sans bouleverser la vie des enfants « coupables » ou victimes. Ce sont en effet l'ancienneté et la qualité de la relation éducative que nous avons tissée avec tel jeune qui nous accréditent pour intervenir efficacement, sans mettre en route l'énorme machine judiciaire, lorsque les faits peuvent se contenter d'un traitement éducatif, même très énergique à condition que nous ayons retrouvé notre sérénité et contenu les « remous de nos réminiscences subjectives[2] ».

Cette semaine, les médias sont, une fois de plus, tout bruissants de la « violence des jeunes ». Les élus, le gouvernement affirment que notre société va mal. Ce qui devrait, logiquement, introduire la question de notre responsabilité collective :

– comment des jeunes, notamment immigrés, ou enfants d'immigrés, dont la plupart sont en échec scolaire massif et qui parlent un français approximatif tout juste binaire (*c'est cool, c'est con...*) pourraient-ils intérioriser la loi et ne pas passer à

1. Hayez J.-Y., « Sexualité des enfants en âge d'école primaire », in *Perspectives psychologiques*, vol 38, n° 4, sept.-oct. 1999.
2. *Ibid.*

l'acte pour exprimer leurs émotions ? (quand ils ne sont pas complètement analphabètes...)[1] ;

- les parents, les travailleurs sociaux, les éducateurs, les magistrats, les policiers ne peuvent au fond rien, sauf le tout répressif, sur une fraction de la jeunesse sans formation scolaire et professionnelle « basique ». Cette jeunesse est promise par conséquent au chômage, incapable de projet et privée de rêve ;
- en quelques décennies, nous avons bâti une société de consommation et de jouissance. À ses richesses les jeunes ne peuvent avoir accès que par la transgression et la violence ;
- partout, on magouille, on triche. Au plus haut niveau du politique, du sport, du spectacle, on présente aux jeunes des images de réussite construites sur la corruption. À l'Unesco, récemment, on célébrait F. Dolto pour qui, foncièrement, « l'éducation c'est l'exemple »... ;

Pendant combien de temps encore les politiques vont-ils appliquer aux jeunes en difficulté et difficiles un traitement symptomatique et répressif, et demander aux travailleurs sociaux, instrumentalisés, de maintenir l'ordre, faute de savoir penser et mettre en œuvre de profondes réformes structurelles : enseignement, habitat, formation professionnelle, etc. ?

FÉVRIER

Grégoire qui vient d'avoir six ans, et Rémi qui en a neuf, sont très intéressés et très excités par mes préparatifs. Il s'agit de repousser une formidable attaque de taupes sur le terrain de foot, en haut du jardin. Compte tenu du grand nombre présumé d'envahisseurs, j'ai acheté six pièges à ressort dont la manipulation menace mes doigts de « taupier » débutant, ce qui ajoute à la témérité et à la gloire de l'entreprise. Certes, les deux enfants semblent admirer ma détermination et mon courage mais je lis dans leurs yeux l'attente assez ambiguë et perverse de vérifier sur mes doigts l'efficacité des pièges.

---

1. À ce sujet voir les travaux d'A. Bentolila, notamment : *De l'Illettrisme en général et de l'école en particulier*, Paris, Plon, 1996.

Donc, Grégoire et Rémi sont accroupis, très attentifs, près des taupinières, tendus tels les ressorts que je dispose avec précaution dans les galeries creusées par les fouisseuses coupables. Nous recouvrons chacun des pièges de terre meuble et innocente, tous trois complices et fébriles.

Ce matin, un premier ennemi en robe de soie noire s'est fait prendre. Les enfants l'effleurent du bout des doigts, craintifs devant cette créature fuligineuse venue des profondeurs. « Je ne veux pas voir ça ! » murmure hypocritement Rémi en s'éloignant.

Et je m'avise de la valeur métaphorique de cette petite scène rustique. Je pense au refoulé qui remonte parfois des profondeurs de notre « ça » et que, l'on repousse bien vite lors des réunions de travail. On écoute anxieusement le collègue qui s'exprime, qui va trop loin pensons-nous, qui creuse trop profondément et qui se met à déterrer des objets insupportables : violence des éducateurs, fuite devant la menace d'un conflit, situations érotisées à risque. Vite, il faut le culpabiliser afin qu'il se taise : « Ça c'est peut-être ton problème, d'ailleurs untel ne fait pas ça avec tout le monde, et puis, ce n'est pas le moment de parler de ça... » En effet, ce n'est jamais le moment de reconnaître ses émotions. Alors, on guette non sans perversité le travail du collègue taupier en attendant que le piège de la vérité se referme sur ses doigts.

MARS

Mois de la guerre. Pan-pan-pan-pan-pan !!! Ça pétarade sous la table de la salle à manger, derrière les fauteuils du salon et dans l'escalier qui monte aux chambres. Cruelle et sans merci la guerre est déclarée entre Rémi, Grégoire susnommés, et Martin, quatre ans. Aucune médiation, aucun armistice ne sont possibles et les trois guerriers se tirent dessus, l'index et le majeur constitués en pistolet. Conscients de la puérilité de leurs armes symboliques, ils tentent tour à tour de nous entraîner au bazar pour acheter des revolvers en plastique munis de barillets mobiles et capables de générer des étincelles et des détonations. Nos puissances médiatrices se concertent dans l'urgence : c'est non. L'embargo est unanimement déclaré sur toutes les armes du commerce local.

Les belligérants insistent, manifestent sous les fenêtres de la maison, unis pour un temps dans la plainte et la revendication. « C'est pas juste — crie l'aîné qui est la mémoire du groupe — même que Jean il avait fabriqué une mitraillette pour Éric et David ! »

Dans mes notes de lectures je retrouve cette belle réflexion :

> « Le jeu, c'est l'entraînement à vivre. C'est ce que font les gens dans une salle de théâtre. Ils recréent la mort, le danger, les crimes, les maladies, l'angoisse, la solitude, l'horreur mais "blanchis". Ils se font inoculer la mort mais à l'état de vaccin[1]. »

Par conséquent, j'avise à l'atelier une chute de contreplaqué sur laquelle je dessine trois revolvers. Scie sauteuse pour chantourner. Scie cloche pour percer le trou où passera l'index du tireur. Ponceuse pour abaisser les arêtes et chasser les échardes. Une trinité aux yeux écarquillés attend fébrilement la livraison des armes. Pan-pan-pan !!! La guerre reprend. Martin vise sa mère qui passe imprudemment par là et ordonne : « Les bras en l'air ! » Il tire. « Non Martin, on ne tue pas quelqu'un qui a les bras en l'air ! »

Alors, Martin, logique et cruel : « Hé ben, t'as qu'à baisser les bras ! »

> « Comme il arrive dans les vieilles maisons, chaque pièce avait sa senteur, faite d'un mélange de cire, de tapis, de tentures finissantes, d'humidité sèche et de poussière, à quoi se mélangeait un parfum de rose et de réséda, si l'on avait ouvert la fenêtre donnant sur le jardin. Quand on ouvrait les bibliothèques, nous respirions aussi ce parfum qu'ont les livres ayant passé l'hiver dans l'eau et l'été dans le feu : tout cela était bien doux à respirer pour l'ami des livres[2]. »

Non, ça n'est pas de Proust ! Ce beau texte intime, rustique et sensuel est de Jean Guitton qui vient de mourir. Il figure au premier chapitre du livre consacré à sa mère, nimbé de cette lumière

1. Barrault J.-L., *Souvenirs pour demain*, Paris, Le Seuil, 1972, p. 95.
2. Guitton J., *Une mère dans sa vallée*, Paris, Aubier-Montaigne, 1961.

à la fois poétique et pieuse qui éclairait des vies provinciales d'autrefois.

Il est regrettable que des écrivains de la culture et de la stature de Guitton soient marqués par leurs derniers ouvrages un peu datés ou politiquement contestables. Je pense notamment à ses conversations crépusculaires avec Mitterrand.

Par contre, un petit livre oublié[1] invite à réfléchir sur le travail intellectuel et les catégories du penser : bon sens, esprit juste, précision, droiture, sobriété, finesse, délicatesse, ouverture, force, originalité, profondeur, invention, grandeur...

Enfin *Jugements*[2] peut donner à des éducateurs de notre temps le goût de relire Rousseau qui lui inspire un beau texte sur l'inconscient, et dont il écrit, pour finir : « Chaque auteur est un mystère, pour les critiques certes, mais aussi pour lui-même, comme toute conscience. Lui plus que tous. »

Devant les éclaircies soudaines de mars je reste sceptique et prudent. Rien ne prouve que le printemps est vraiment là. Ainsi de la relation éducative avec des jeunes pris en charge au printemps des attentes anticipatrices[3], des projets et des promesses qui marquent tout accueil. Certains jeunes ne « guérissent » pas au terme de longues années de travail éducatif et thérapeutique intensif. De plus, l'adolescence réactive des souffrances « mises de côté » pour grandir. Pourtant, nous avons le sentiment de nous être imposé en leur faveur une obligation de moyens qui, parfois, nous portait à la limite de l'abnégation. Et pour finir (ou pour commencer ?) tel jeune « plonge » au plus profond, nous laissant hébétés, incrédules, avec le poids de sa souffrance sur les bras. Notre sentiment d'échec et de culpabilité est intense, accentué par les : « C'était prévisible, on l'avait bien dit... » des Cassandre du travail social. À ce point, l'éducateur engagé auprès d'un jeune touche aux limites d'un mystère, à l'indicible de ce qui, au fond,

1. Guitton J., *Apprendre à vivre et à penser*, Paris, Fayard, 1957.
2. Guitton J., *Jugements*, Paris, Gallimard, 1981.
3. Attente anticipatrice : cette formule est de Michel Lemay.

détermine un être à vivre ou mourir. Bien sûr, le jeune doit payer sa dette et, comme écrit Tony Lainé : « Nul ne peut transformer sa souffrance sans en payer le prix. »

Parfois, notre travail consiste à conduire un jeune jusqu'au bord de cette décision, là où s'éprouve le vertige de la mort et de la folie. Et nous ne pouvons plus rien faire qu'attendre en tremblant.

Et pourtant, l'hiver est fini ! Cette poésie, apprise dans l'enfance disait : « Mars qui rit des averses prépare en secret le printemps ! »

AVRIL

Le soleil a donné sa main tiède aux enfants pour descendre au jardin. Les jonquilles ont achevé leur flambée glaciale de mars. Contre les vieux murs de pierre qui les gardent du nord, les tulipes s'ouvrent avec exubérance et laissent sans voix, yeux écarquillés, les petits enfants accroupis au jardin. C'est Pâques qui arrive, c'est Pâques qui tire vers la lumière les pivoines et le muguet. Et cette lumière de mai tremble comme un agneau.

On voudrait garder ce bonheur furtif dans le jardin clos, mais la radio diffuse des nouvelles du Kosovo qui nous recouvrent de nuages lourds. Tous ces réfugiés sur les routes de l'exil, et nous dans ce jardin d'avril...

Face à la complexité et au gigantisme des problèmes internationaux nous ne pouvons qu'offrir notre solidarité au moins symbolique, nos gestes modestes, nos pétitions, nos manifs un peu dérisoires.

Notre bonheur est parti. Pourtant, les enfants sont dans le jardin comme des papillons. Je pense aux enfants du Kosovo. Il en est du bonheur innocent comme du malheur innocent.

Janine ne veut rien pour son anniversaire, comme tous les ans. Elle n'aime pas les bijoux, ni les parfums, ni les surprises qui, légitimement, ravissent la plupart des femmes. Au fond, elle n'aime que les gens, les enfants, les fleurs et les livres. Des gens, elle en rencontre tous les jours, d'enfants elle a son compte, des fleurs j'en monte tous les jours du jardin. Restent les livres qui sont en quelque sorte les enfants d'un auteur et de l'écriture. Donc, elle aura des livres et, en plus, ce texte que j'écris en douce comme un petit enfant cache un bouquet dans son dos.

Je vis, je travaille auprès d'elle, avec elle, depuis quarante ans. Dans mon esprit, elle condense toutes les femmes, toutes les éducatrices de terrain. Celles des matins grognons, des mots pour l'école, des bobos aux genoux, des griffures au cœur, du mal de mère, des lacets défaits, des histoires du soir. Nous les éducateurs, comme la plupart des hommes : « Nous avons besoin d'une femme qui nous relie au monde[1]. » Une femme qui sachant l'art d'accommoder les bébés est, par conséquent, cette « bonne mère environnement[2] » autour de qui s'organisent les choses de la vie. Une femme qui dit aux enfants que c'est nous, le père et nous intronise dans la loi.

Oui, j'ai besoin d'elle qui me relie au monde.

Donc, c'est son anniversaire et, comme d'habitude elle ne veut rien parce que la certitude d'être à sa place l'a probablement déjà comblée.

C'est un éducateur en espadrilles et short, qui, par un petit matin frisquet des premières années de la « rééducation » mène au pas de course et au sifflet vingt-quatre mômes, torse nu, alignés du plus petit au plus grand. Ce dérouillage hébertiste et matutinal par quoi commençait une saine journée dans un centre de rééducation de l'époque (fin des années cinquante) était patriotiquement conclu par le lever des couleurs dans la cour du « centre », en général un château offert à l'association gestionnaire « pour les enfants malheureux »... Et chaque regard suivait l'ascension du drapeau vers un idéal viril et azuré.

Cette photo emblématique figure au centre de l'exposition que le musée de Bretagne consacre aux « Enfants de Justice ». (Une

1. Sullivan J., *Car je t'aime ô Éternité*, Paris, Gallimard, 1966.
2. D. W. Winnicott.

association spontanée fait surgir dans mon esprit l'expression « Bois de Justice » qui désignait la guillotine...)

Devant cette photo, mon propos n'est pas de célébrer les pères fondateurs de notre métier comme anciens combattants, non plus d'exalter l'idéologie encore un peu vichyste qui sous-tendait la pédagogie de nos débuts. Mais, le parcours de cette exposition peuplée de visages d'enfants et d'adolescents sur fond de baraquements et d'équipement misérables, donne également à s'arrêter sur les visages sépia de nombreux jeunes hommes, de quelques jeunes femmes issus pour la plupart des mouvements de jeunesse confessionnels ou laïques. Visages sur lesquels le flou des prises de vue et surtout l'altération chimique des clichés n'ont pas effacé la lumière d'un idéal qui les appelait alors, pour le meilleur et parfois pour le pire, à l'aventure d'une pédagogie de reconstruction et d'un engagement personnel souvent total.

L'idée un peu saugrenue m'est venue d'organiser dans l'espace de cette exposition et sous le regard un peu voilé de nos prédécesseurs, nos débats sur la réduction du temps de travail. Dans mon esprit, il ne s'agit pas d'en revenir aux horaires militants des temps héroïques, mais de maintenir ouverte la possibilité d'un engagement existentiel effectif auprès des jeunes qui nous sont confiés. De garder ouvert un espace de liberté de vivre, de liberté de créer car ces libertés-là étouffent et meurent dans un horaire de bureau.

Plus de trente-cinq foyers de guerre dans le monde, des famines chroniques, l'ultra-libéralisme (totalitaire au fond) le retour dans les Balkans de l'histoire refoulée, le vent, la pluie, la grisaille en avril, tout concourt à créer ce que les enfants de la maison appellent un *temps cafard.*

Hier soir, devant Arte, nous avions les larmes aux yeux.

Prof de morale dans les écoles publiques belges, Jacques Duez a laissé parler des écoliers devant sa caméra à propos de l'affaire Dutroux. Merveilleux pédagogue, il tirait doucement le fil de ces paroles d'enfants qui exprimaient la tragédie, l'angoisse, l'horreur en entrecoupant leurs propos de fous rires libérateurs. Les enfants ont parlé de la peine de mort, de la vengeance, de sexe, de pédophilie, d'homosexualité (sans faire d'amalgame !), de prostitution, très simplement, calmement, touchant au vrai des choses du bout des mots. Le plus impressionnant était peut-être leur formidable résistance à l'idée de pardon, leur implacable logique de talion. Contre cette obstination, toute la pédagogie de leur maître se brisait...

Les parents des petites filles torturées et assassinées ont témoigné ensuite. Eux, ils affirmaient l'inanité de la peine de mort, expliquaient leur long travail de deuil, la résurrection symbolique de leurs filles dans leur combat pour la protection des enfants des autres. Fascinés, les écoliers « vengeurs » écoutaient cette leçon d'humanité selon laquelle la mise à mort d'un assassin ne rachète rien, n'apaise au fond personne. Ils étaient immobiles, silencieux, intensément attentifs...

Une heure auparavant, nous avions vu, quelque part en Albanie, un camp de déportés où fourmillaient de jeunes enfants en quête de nourriture, de savonnettes, de couches-culottes pour les bébés. Actifs, débrouillards, resquilleurs : gavroches de l'humanitaire.

Dans la grisaille de cette journée, dans le retour toujours tragique de l'Histoire, l'intelligence, la vitalité de tous ces enfants me rappelaient la « petite fille espérance » de Péguy.

Vacances de printemps. Ils sont tous partis. Janine et les enfants passent la semaine à Chausey, cette île au large de Granville déjà citée dans ce cahier. Malgré les promesses de beau temps, ils se sont embarqués sous les gifles venteuses d'un printemps maniaco-dépressif. Et notre aide familiale est partie également, mais pour un long congé parental. Un moment hébétée par ces départs, la grande maison est remplie de ces absences et se ferme. Reste à la buanderie un gros tas de linge à laver : peaux textiles multicolores affaissées après la mue du change. Je dois les trier et les disposer en ordre de préséance devant la machine. J'aligne les petites, les grandes, les fragiles, les fortes, les blanches, les colorées : je règne ainsi sur des dépouilles pleines d'absences. Au sortir du sèche-linge, elles sont enchevêtrées, informes, elles ont perdu leur identité. En vérifiant la température du fer à repasser, je pense à Marie, ma nourrice. Sur sa cuisinière à charbon elle disposait une batterie de fers en fonte noire, puis les approchait de ses joues pour en apprécier la chaleur. Petits plis, dentelles amidonnées, pattemouilles jaunies...

Je repasse. Les serviettes et les torchons ne font pas d'histoires et se laissent défroisser bien à plat et plier au carré. Ce sont des linges plats, sans caractère, ennuyeux. Les t-shirts commencent à me compliquer la vie. Je les enfile sur la jeannette pour en venir à bout. Viennent ensuite les salopettes des petits avec des rabats sur les poches, des bretelles en spirale et des fronces perverses. Je les attaque à la vapeur avec sadisme. France-Musique diffuse les *Nuits d'été* de Berlioz, que chante Crespin. Je t'en ficherai des nuits d'été en ce moment ! Pourquoi pas *Pli selon pli* de Boulez...

Mon mal de dos finit par réveiller des souvenirs d'enfance : femmes au travail, humbles, oubliées. Lessives de printemps gigantesques, *grandes buées* harassantes à la cendre de bois, peines, bavardages, rires des femmes assemblées à genoux. Brouettes lourdes de linges trempés. Peine des femmes.

Dans ce rêve éveillé j'en termine avec une chemise, l'ouvre, la retourne, j'écrase les plis dans son dos, je chauffe l'empiècement, les manches à diminutions. Elle me résiste cette chemise et cache des fronces inaccessibles...

AVRIL (SUITE)

Avant de partir aux obsèques de Julie, Bertrand était descendu au jardin cueillir du lilas blanc. L'avant-veille, à deux heures du matin, il était fortuitement passé à mobylette sur les lieux de l'accident. Julie, seize ans, une copine familière, agonisait sur la route après avoir traversé le pare-brise. Ni celui qui conduisait, ni les quatre passagers n'avaient bouclé leurs ceintures de sécurité. Et le conducteur qui avait bu et fumé du hash roulait à au moins cent vingt. L'un des jeunes passagers qui la voyait mourir dans la lumière des secours, c'était Pierre, notre ancien, qui sort de prison et multiplie les actes manqués pour y retourner.

Bertrand remonte du jardin avec un bouquet de lilas. Je devrais rester calme, l'accompagner dans ces gestes de deuil. Et pourtant, une irrépressible colère monte en moi :

« On n'en peut plus de vos conneries à répétition. Vous êtes là, abrutis, choqués. Cet après-midi, vous irez à l'enterrement de Julie ; vous pleurerez dans les bras les uns des autres ; vous allumerez de petites bougies ; chacun dira un mot, un poème sur le sourire de Julie ; vous jetterez des fleurs sur son cercueil ; vous pleurerez encore et puis, dans trois jours, trois semaines, vous vous retrouverez tous pour descendre des bières et fumer des pétards et vous repartirez à cent quarante à l'heure... La mort de Julie ne servira à rien, la mort de Julie ne vous sauvera pas. D'une certaine façon, Julie pourrait revivre un peu dans votre vie à vous mais, de la loi, vous n'en avez rien à foutre. Le cercueil de Julie est descendu en terre mais la loi n'est pas descendue en vous. La loi, pour vous, c'est du pipeau et vous êtes là à m'écouter gueuler que c'est toujours la mort qui gagne. Nous, on s'occupe de vous depuis des années et on ne peut plus vous tenir à bout de bras au-dessus de la mort. On ne sait plus si vous voulez vivre ou mourir, si vous voulez choisir entre la loi et la mort. Maintenant, il y a cette môme qui commence à pourrir, son sourire qui pourrit et ça vous a fait trois heures de chagrin au cimetière avec vos bougies, vos fleurs et vos larmes... »

Je me tais enfin, à bout de colère. Ils me regardent avec des têtes de revenants, le cou raide dans leurs minerves. Heureusement qu'on est en mai, et qu'au jardin il y a du lilas blanc.

JUIN

Grégoire et Rémi que nous avons accueillis tout petits sortent de l'école avec leurs cadeaux pour la fête des mères. Grégoire explique à Janine qu'il a confectionné un cadeau pour sa mère mais que c'est à elle, Janine, qu'il veut l'offrir. Ils sont encore serrés dans un double lien, un conflit de loyauté. Rémi est crispé, mutique. Il a fait un moulage en plâtre et un petit collier de perles rouges, cachés dans son cartable.

Le dimanche suivant, celui de la fête des mères, réveille en eux une souffrance engourdie. Dès le réveil ils sont agressifs, instables. Et puis, dans le courant de la matinée, survient une trêve : Grégoire offre à Janine un petit cadeau parce qu'elle est, dit-il, « sa maman de tous les jours ». Ensuite, il nous explique qu'il a préparé autre chose pour sa mère de naissance. Nous sentons que le sentiment de double appartenance se forme lentement en Grégoire. Rémi, lui, paraît très déprimé. En douce, il m'informe qu'il n'a rien préparé pour Janine. Je l'emmène au jardin cueillir quelques roses fraîches qu'il lui offre, visiblement soulagé. C'était hier.

Ce matin, tandis que j'écris dans mon cahier, les enfants sont partis avec Janine pour voir leur mère. Auparavant, ils m'ont apporté leurs petits cadeaux afin que je les enveloppe d'un papier festif et joyeux. Et tandis que je passe vivement la lame du ciseau sur le bolduc, Rémi me dit que je fais *une frisette* à son cadeau.

Ils sont partis. Je cherche cette incantation dans mon livre fétiche :

> « Quand on a été abandonné, il arrive qu'on se retrouve par hasard auprès de sa mère, dont la vieille tendresse s'inquiète de vous protéger ; mais hélas ! tous ses soins, et surtout les plus tendres, ne peuvent nous persuader que quelqu'un encore nous aime, puisque c'est elle seulement qui peut nous aimer[1]. »

Le phallus est le grand mât du navire freudien dont Lacan a pris le commandement. Homère déjà avait attaché Ulysse, qui écoutait le chant des sirènes, au mât de son bateau. Depuis la très mythique et biblique verge d'Aaron, toutes les métaphores de puissance et de pouvoir sont organisées autour de ce point d'exclamation viril.

Chez nous, Grégoire, qui a six ans, vient d'en faire l'expérience cruelle autant qu'éducative : il pleure auprès de Janine après s'être fait becquer le zizi par une poule de notre élevage. Après un pansement local et des assurances quant à l'avenir de sa virilité, nous nous sommes transportés avec Grégoire devant la

1. H. Bosco, *Le Mas Théotime*, Paris, Fayard, 1951, p. 73.

présumée castratrice laquelle, circonstance atténuante de productivité, est notre meilleure pondeuse. Grégoire se tenait prudemment en retrait de ce transport de justice. Nous avons attribué son attitude à la pudeur d'une virilité blessée. Et l'enquête a commencé.

Il est apparu qu'à l'exemple répétitif de son frère Rémi, préposé au soin des poules, Grégoire avait passé son pénis par un trou du grillage et compissé les locataires. La grosse poule marron avait fondu sur cette vermiculaire aubaine.

L'immanence rurale de cet épisode est transcendée par l'évocation des célébrations priapiques et, l'être ou ne pas être de Hamlet, se condense, selon Lacan et Grégoire dans la question de l'avoir ou pas...

Le 7 juin, dans la matinée, l'école primaire de Longé-Jumelles, dans la Maine-et-Loire, est en récréation. Avec la complicité de cinq copains qui font le guet, un môme de onze ans viole une fillette qui en a neuf. Les six garçons ont été entendus par le parquet d'Angers pour *viol en réunion.*

Les poussées pulsionnelles n'expliquent évidemment pas ce passage à l'acte dont la jeunesse impubère des protagonistes accentue le caractère à la fois stupéfiant et monstrueux. Ce *viol en réunion* s'accomplit dans un contexte socioculturel favorable. En effet, des collègues cliniciens entendent les révélations effarantes que les gosses verbalisent tranquillement. Un psychologue de CMP[1] me disait récemment : « Les mômes sont complètement allumés ! » et un gamin de neuf ans lançait à son petit frère de six qui faisait des gestes obscènes en public : « Toi, t'es qu'un obsédé de la bite ! »

Ces fruits amers ne viennent évidemment pas du « vert paradis des amours enfantines[2] » mais d'un enfer juvénile qui commence à chauffer. En effet, dès lors que la pudeur est abolie

1. CMP : centre médico-psychologique inscrit dans l'intersecteur de pédopsychiatrie.
2. Arthur Rimbaud.

(je comprends la pudeur moins comme prescription « morale » que comme contenant psychique) que l'érotisation de la publicité touche à la pornographie et que la pornographie touche au banal, que le lit de certains parents est accessible à tout le monde au point qu'on ne sait plus qui est qui dans la maison, en un mot dès qu'on ne sait plus qui est l'autre, l'enfer est ouvert.

L'érosion des interdits majeurs, voire leur disparition, entraînent une forme avérée de mauvais traitements à enfants commis par notre société tout entière. Et, le recours systématique au juge pour le fameux *rappel à la loi* n'est qu'une dérisoire façon de botter en touche pour nous soustraire à notre responsabilité morale et politique.

Dire fermement « non » à une transgression manifeste de la loi ne saurait suffire à donner sens, aux yeux de l'enfant, aux appels de plus en plus pressants de sa sexualité. Il s'agit en effet d'un enjeu d'altérité dans lequel l'autre n'est pas un objet de jouissance à consommer et à jeter. La sexualité de nos enfants risque d'être emportée dans une dérive consumériste qui détache le plaisir de l'amour et qui réduit le désir à la satisfaction d'un besoin. L'intériorisation des valeurs susceptibles d'éclairer la sexualité s'effectue chez l'enfant par identification à l'adulte durant cette période de *latence* oubliée des éducateurs, pendant laquelle, normalement, la sexualité les laisse en paix. Ne pas protéger nos enfants de stimulations érotiques durant cette période c'est attenter à leur droit imprescriptible d'être en paix pour jouer, créer et grandir.

JUILLET

C'est la dernière fois que, ce matin, je conduis les enfants à la vieille école. C'est la dernière fois parce que la vieille école va être fermée. Elle est usée, fatiguée, vermoulue. Elle n'en peut plus, elle a beaucoup donné. Vieille du village entre les vieilles, tout de gris vêtue. Elle se chauffe encore un peu au soleil d'été et sourit aux enfants. Elle tient à garder bonne contenance jusqu'à la fin des classes et ne montre pas sa peine. Car c'est trop dur. Juste en face, toute neuve et jeunette sous un chapeau d'ardoises bleues, avec ses grandes baies vitrées, son gymnase, sa salle de documentation, ses ordinateurs, la nouvelle école est quasi prête pour la rentrée de septembre. Elle est un peu fiérote quoique vide et sans odeurs d'enfants, sans vêtements oubliés.

En face, la vieille va s'assoupir tout l'été, finir en silence, mourir de silence. Le silence des ombres dans la cour. Les odeurs de craie et de respirations tiédies seront confinées dans les classes, avec des visages attentifs, des sourires, des larmes de leçons pas sues, des poussières de participes et de règle de trois, des comptines enfuies, des chansons muettes, des récitations évaporées.

Là, ces manteaux vides d'enfants aux patères du couloir, ce chausson unijambiste sur le carrelage, ces vieux cahiers emplis de feuilles mortes. La vieille frisonne au soleil et serre sur elle son écharpe de passé.

Se taire dans le silence vibrant de l'été, se taire pour entendre des mots attardés, des verbes pour tous les temps, des mots à signer, des mots à copier. En haut, à gauche du tableau j'écrirai la date du jour quand mourra la vieille en gris. Écrire les mots indisciplinés, les verbes qui commandent la phrase, la phrase qui racontera cette mort de septembre, avec, tout au bout, un point fatal.

C'est l'été. Les familles sont entrées dans les mois de liberté solaire. Temps des retrouvailles entre frères, cousins, amis. Temps des copains, temps des amours. Maisons de vacances humides encore d'avoir été longtemps fermées, matelas supplémentaires qu'on tire de sous les lits, tablées bruyantes, soirées que la nuit d'été enveloppe de tiédeur. Temps des copains qu'on amène sans prévenir, temps des amis qui passent, temps de la buée sur les carafes de rosé. Temps des randonnées matutinales, des embarquements frileux ou des paresses dolentes.

Cet ado descend à midi, hirsute, boit du café froid, presse une orange, coupe du pain, mange en baillant et laisse tout sur la table. Il y a de tout partout : vêtements, serviettes de bain, linge des petits, vaisselle d'hier soir, bière éventée, livres ouverts. Certains repartent, d'autres s'annoncent au téléphone qui trépigne. Le voisin apporte des salades ; l'une des petites a mal aux dents ; le bébé hurle.

Les mères, les femmes sont debout depuis six heures. Elles ont fait du café, rapporté du pain frais et les journaux. Elles ont débarrassé la table, rangé un peu le séjour, déblayé la salle de bain, récuré l'évier de la cuisine et le lait calciné sous les brûleurs de la gazinière. Elles ont trié les bouteilles vides, passé la serpillière, nettoyé les toilettes où les garçons ont pissé de travers, fait les courses pour la journée, charrié les provisions, garni le frigo, habillé les petits, mis une lessive à tourner, appelé le dentiste de garde, rangé les boules de pétanque, gratté les coulures de bougie, réparé un jean et mis le déjeuner en route.

Les autres descendent à n'importe quelle heure, piétinent le carrelage mouillé, picorent, laissent le frigo ouvert, renversent du café sur la toile cirée, commentent la marche du monde dans le journal, déplorent le manque de solidarité internationale, le creusement de la fracture sociale et ricanent aux projets politiques de parité homme-femmes.

— À table ! crient-elles.

C'est l'été.

Août

Élisabeth est morte subitement le 16. Elle était notre collègue et, entre les meilleures, notre amie.

Nous étions très liés par l'affection, le travail, une grande part d'histoire de vie vécue ensemble dans une proche distance entre nos couples. Proches par les fâcheries nécessaires et oubliées, par la foi professionnelle commune et par tous les enfants accueillis dans nos familles respectives, chacun d'entre eux récapitulant tous les autres.

Pendant la semaine qui a suivi sa disparition, une vague d'émotion nous a tous submergés. Alors, nous nous sommes donné le temps des larmes qui précède le temps de la mise en mots, la parole étant en quelque sorte le vrai tombeau du chagrin.

Rien d'hagiographique dans ces notes du soir. Ce n'est pas tant par leurs qualités exceptionnelles que les autres nous sont accessibles mais par leur faiblesse où se reconnaît notre propre humanité. De plus, c'est les trahir qu'attribuer toutes les vertus aux disparus. Élisabeth accepterait seulement qu'on évoque son engagement professionnel qui s'inscrivait dans une dimension existentielle.

Dans la mémoire de notre amie, je dis qu'être engagé c'est se donner *pour gage, se porter caution* de l'enfant ou de l'adolescent qui nous est confié, ce qui transcende notre statut strictement professionnel.

La question de l'*être avec* dans un projet de restauration du lien paraît centrale. C'est la question de la rencontre, de ses risques et de leurs conséquences. La psychanalyse nous aise à comprendre que c'est du *transfert* qu'il s'agit, c'est-à-dire, pour faire court, de la souffrance que les enfants carencés[1] déposent sur nous. Et parfois, c'est insupportable, réveillant en nous des souffrances d'enfant et suscitant un *contre-transfert* plein d'amour, de violence, de mort, de haine, à la mesure des souffrances qui se percutent en nous. C'est dans le lieu de cette souffrance que nous sommes, comme Élisabeth le fut, des professionnels engagés.

SEPTEMBRE

« Le maire informe les parents d'élèves des écoles maternelles et primaires qu'à compter de la rentrée 1999 les repas servis à la cantine ne seront plus préparés sur place. En application des directives européennes sur l'hygiène alimentaire des collectivités, les repas seront fournis par une entreprise extérieure. »

La nouvelle de cette décision unilatérale est tombée quelques jours avant la rentrée pour couper court à la contestation en nous coupant l'appétit. Cette question dépasse infiniment les frontières de notre village. Il s'agit en effet du sens qui s'attache à la nourriture communautaire, du rapport réel et symbolique qu'elle établit entre ceux qui la préparent et ceux qui la consomment. Dans notre modeste cantine communale la cuisinière était bien connue des enfants. « Ce midi — écrit le petit Laurent dans un texte libre — Marguerite a fait cuir du biffetaique et de la puré » (*sic*). Laurent a donc bien établi le rapport entre ce qu'il a mangé

1. Au sens du syndrome morbide de carence relationnelle décrit par M. Lemay, et de la pathologie précoce du lien décrite notamment par Rappoport et Lamour.

et la personne qui l'a préparé. C'est ce rapport qui noue du lien social. Certes, on est loin de la gelée de cassis de grand-mère, loin du parfum, de la lumière et de toutes les sensations éprouvées au jardin et que condense un pot de confitures familiales. Cette confiture-là délivre une apothéose de sens.

Mais, suite à l'édit du maire, Marguerite a été congédiée et la purée ne vient plus de chez quelqu'un. D'ailleurs, ce n'est plus une purée mais une louchée de protéines en conteneurs inox. Allez donc parler à un conteneur !

Au fond, ce qui arrive, au nom de la Commission européenne, aux petites dames du marché hebdomadaire, qui, venues de la campagne, proposent au chaland des produits frais, procède du même principe de précaution. On leur achetait des œufs de leurs poules, des petits pâtés maison fleurant le thym, du beurre baratté à la main, salé de Guérande et emperlé d'eau, des laitues délicates. Et, pour le même prix, modeste, on avait cette rencontre, ce sourire : du lien et du sens.

Que je sache, les rillettes de la mère Untel n'ont jamais empoisonné personne. Celle du supermarché, si.

> « Parole donnée, parole tenue. Je sais que, pour moi, l'histoire de la rééducation se confond avec cette promesse[1]. »

Louis Casali, éducateur spécialisé, militant à l'ANEJI[2], directeur d'un foyer pour adolescents, vient de mourir. Il était parmi les promoteurs de la revue *Liaisons* dont il devint le rédacteur en chef. Il avait compris très tôt la nécessité d'une publication professionnelle qui nouât du lien entre les éducateurs. L'hebdomadaire *Lien social* est engagé sur ces traces, *Liaisons* ayant cessé de paraître avec la fin de l'ANEJI.

Hommage soit rendu à une forte personnalité de la rééducation. Louis Casali fut un pionnier du professionnalisme des éducateurs mais en attachant à la rigueur des savoirs et des méthodes

1. L. Casali, *Lien social*, 1er oct. 1998.

2. Association nationale des éducateurs de jeunes inadaptés (aujourd'hui dissoute).

les valeurs existentielles d'engagement, de don de soi, de fidélité à la parole donnée dans la relation éducative. En effet, Louis Casali avait, selon son expression favorite, l'obsession d'*habiter sa parole*, de mettre en cohérence ses valeurs de vie personnelle et ses valeurs professionnelles. Avec sa femme Thérèse, elle-même éducatrice spécialisée, il formait l'un de ces couples professionnels un peu charismatiques auprès desquels plusieurs générations d'éducateurs ont appris leur métier. Fidèle entre les fidèles, Louis Casali avait le don des grandes amitiés, celles qui résistent aux tempêtes des grandes engueulades entre militants souvent un peu caractériels ! Dans la fidélité à la mémoire de ses parents italiens, qui avaient fui les « chemises noires », Louis Casali était intransigeant, autoritaire parfois car, disait-il souvent : « On ne s'appuie bien que sur ce qui résiste. » En ces temps où les jeunes Rastignac de la rééducation prétendent *manager* notre travail comme une entreprise de production, je laisse Louis Casali délivrer cet ultime message :

> « Nécessaire était la convention collective pour la reconnaissance d'une profession ignorée, pour la sécurité et le juste salaire qu'elle garantit. Mais dérisoire si elle devient seulement un indicateur de chemins de fer pour faire partir des trains vers des gares où personne n'attend plus personne. »

Octobre

Léa est une fillette de huit ans qui vient d'arriver chez nous en raison du décès subit de sa « mère d'accueil ». Élisabeth[1] nous a en quelque sorte laissé Léa en héritage pour un travail de deuil et pour un travail de vie.

Léa était en camps de vacances au moment de la mort de son éducatrice de tous les jours. Nous l'avons accueillie à l'arrivée du car pour, à la maison, lui annoncer la terrible nouvelle avec nos pauvres mots de grandes personnes. Tétanisée pendant quelques minutes, Léa nous regardait fixement tandis que la réalité la pénétrait comme un couteau. Et puis, silencieusement, elle a pleuré.

1. Voir p. 42.

Depuis quatre ans au moins, c'est-à-dire la moitié de sa vie, Léa est écartelée entre ses parents séparés. Elle a été témoin des crises, des disputes et s'interposait au moment des bagarres : «... même que quand maman elle voulait pousser papa par la fenêtre je criais et je donnais des coups de poing aux deux... », raconte-t-elle en éclatant de pleurs et de rire : un rire en pleurs. Léa oublie d'être une petite fille et fait de l'adultisme[1]. Elle nous regarde sans cesse, épie nos paroles, s'imbibe de nos émotions. Lorsqu'une querelle domestique survient entre Janine et moi, Léa suit la balle de nos échanges avec des yeux pleins d'angoisse. Pourtant, nos disputes ne sont que les étincelles d'un feu quotidien où se chauffe l'amour. Mais dans ce feu familier et rustique, Léa, elle, voit les menaces d'un incendie et ressent déjà le retour des brûlures familières. « Convoqués » par le transfert que leur fille accomplit sur notre couple, les parents de Léa vont encore s'entre-déchirer à travers nous. « Dites, vous n'allez pas divorcer ! » Non, Léa, on se dispute un peu, c'est tout, ce n'est rien. Et puis, tu sais, nous sommes ensemble depuis trente ans et ce n'est pas parce qu'on se dispute qu'on ne s'aime plus ! « Depuis trente ans ? Oh là là qu'est-ce que c'est long ! » Les huit ans de Léa nous regardent, anxieux et incrédules. Nos trente ans constituent pour elle l'impensable de l'éternité. Et puis, Léa n'est pas habituée au travail de la parole sur une émotion, elle ignore le baume apaisant du pardon. Elle ne sait pas que la réconciliation est possible, qu'une dispute ne débouche pas sur le toujours d'une perte. Léa a peur.

Peut-être qu'un jour Léa saura que « c'est plein de disputes, un bonheur[2] ».

> «... Je regardais les espaliers en fleurs le long du petit mur de briques roses, les arbres fleuris, la pelouse d'un vert étincelant jonchée de pâquerettes, de pétales blancs et roses, le ciel, bien sûr, était bleu, et l'air semblait vibrer légèrement [...] et à ce moment-là, c'est venu [...] quelque chose d'unique... qui

1. En « collant » aux propos et aux attitudes des grandes personnes...
2. Anouilh J., *Antigone*, Paris, La Table Ronde, p. 38.

> ne reviendra plus jamais de cette façon, une sensation d'une telle violence qu'encore maintenant, après tant de temps écoulé, quand, amoindrie, en partie effacée elle me revient, j'éprouve... mais quoi ? quel mot peut s'en saisir ? pas le mot à tout dire "bonheur", qui se présente le premier, non, pas lui [...] "félicité", "exaltation", sont trop laids, qu'ils n'y touchent pas [...] et "extase" [...] comme devant ce mot ce qui est là se rétracte [...] "Joie", oui, peut-être [...] ce petit mot modeste, tout simple, peut effleurer sans grand danger [...] mais il n'est pas capable de recueillir ce qui m'emplit, me déborde, s'épand, va se perdre, se fondre dans les briques roses, les espaliers en fleurs, la pelouse, les pétales roses et blancs, l'air qui vibre parcouru de tremblements à peine perceptibles, d'ondes, des ondes de vie tout court, quel autre mot ? de vie à l'état pur, aucune menace sur elle, aucun mélange, elle atteint tout à coup l'intensité la plus grande qu'elle puisse jamais atteindre [...] jamais plus cette sorte d'intensité-là, pour rien parce que c'est là, parce que je suis dans cela, dans le petit mur rose, les fleurs des espaliers, des arbres, la pelouse, l'air qui vibre... je suis en eux sans rien de plus, rien qui ne soit à eux, rien à moi[1]. »

Parce que Nathalie Sarraute vient de mourir, je lui ai donné toute cette place dans mon cahier du soir, avec la pudeur d'écrire après elle. Ce que nous transmet magiquement Sarraute c'est un instant d'enfance indicible. Ainsi, selon Winnicott, l'enfant joue à faire communiquer son dedans avec le dehors, à être dehors-dedans. Temps suspendu dans lequel Sarraute finit par nous introduire un peu en éliminant les mots un à un, en décrivant.

Notre travail — ai-je écrit « travail » ? — notre je-ne-sais-quoi d'intuition dans un instant furtif, consiste à nous tenir assez loin des enfants pour qu'ils soient, au moins une fois de leur vie, dans le petit mur rose et les espaliers en fleurs...

> « La constellation familiale originaire du sujet se déploie dans l'institution dans une sorte de distribution des rôles conflictuels

1. Sarraute N., *Enfance*, Paris, Gallimard, coll. « Folio Plus », p. 66.

> entre soignants, ces derniers étant dépositaires d'éléments divers de la famille interne de l'adolescent[1]. »

Ce processus transférentiel selon lequel un enfant ou un adolescent déposent sur nous un peu de leur éprouvé infantile inconscient, nous assigne à fonctionner symboliquement, quoique dans la réalité de la relation éducative quotidienne, comme des *images* parentales. Ce processus ne peut se déployer qu'à l'intérieur d'une relation installée, étalée sur un long temps de vie partagée. Il y faut du temps, du temps de tous les jours banals, et des temps forts : joies, crises, conflits...

À entendre les débats qui s'engagent au sein des institutions, notamment dans les internats, à propos de la réduction du temps de travail à trente-cinq heures hebdomadaires, on se demande ce qui va rester de temps aux éducateurs pour vivre avec tel ou tel jeune une relation significative, je veux dire porteuse de signes qui font sens. C'est en effet le « vivre avec » fondateur historique de l'identité professionnelle de l'éducateur spécialisé, qui est en cause.

On s'étonne que peu d'éducateurs d'internat ne secouent pas davantage les nouvelles dispositions du droit du travail telles qu'elles sont étendues sans discernement à toutes les professions par un pouvoir jacobin, sauf à penser que nombre d'entre eux sont, au fond, satisfaits et sans état d'âme, de faire leur travail en deux coups de cuillère à pot : une journée de travail, une nuit de garde, deux réunions, trois démarches extérieures valent leur pesant de trente-cinq heures. Il faut souhaiter qu'à leur retour de congé, il se trouvera un collègue pour leur rappeler au moins le nom des enfants !

Le cinq août 1942, le pédiatre polonais Janusk Korczak mourait à Treblinka, accompagnant jusqu'au bout de la mort les enfants juifs d'un orphelinat. Ce grand exemple ne nous enjoint certes pas de mourir avec les enfants mais nous rappelle qu'il est pour le moins nécessaire de vivre avec eux.

---

1. B. Penot cité par P. Fustier in *Le Travail d'équipe en institution*, Paris, Dunod, 1999.

Dimanche 31 octobre. Nous sommes sur la route d'un retour de fête familiale. France-Inter diffuse les informations. Les Bleus viennent de flanquer aux Blacks une dérouillée historique à Twickenham. Le XV de France a remporté la plus belle victoire de l'histoire de la Coupe. Dans la liesse nationale communicative j'en suis très heureux, moi qui ne connais rien au rugby dont le jeu et l'arbitrage me sont ténèbres opaques. Pourtant, je suis empli d'une joie solidaire de celle de mes fils, de mes gendres, de mes amis car, au fond, je *sens* que c'est un très beau sport, comme, de son côté, un novice en musique *sentirait* le largo du triple concerto de Beethoven et en serait touché d'une émotion inconnue.

Mais, soudain, un nuage noir passe sur ma joie. Les joueurs du XV de France délirent devant les micros des journalistes et l'un d'entre eux s'écrie : « C'est la folie, c'est la joie, c'est... l'ecstasy ! » Lapsus ?

Va pour l'extase bien que l'expérience mystique procède plus de l'intériorité zen que des tumultes autour du ballon ovale. Le soir, à la maison, mon plus jeune fils, sportif comme je suis mozartien, ne comprend pas ma grogne : « Arrête Papa, fais pas ta crise, ils étaient contents, c'est tout et un mec a simplement fait un lapsus... »

Un lapsus ! un lapsus[1] ! Ce lapsus-là est accablant et ma grogne monte d'un ton. En effet, qu'on dise ecstasy pour extase, bonheur, joie, plaisir, fait problème et suggère un glissement significatif de sens et de valeur dans la communication. L'ivresse d'une victoire lève des inhibitions, des interdits et me dit qu'il y a quelque chose de pourri au royaume du sport.

NOVEMBRE

Il y a quelques décennies, on aurait dit de Tony, dix-huit ans, qu'il est *demeuré,* en quelque sorte l'idiot du village, familier, qu'on accepte et qu'on persécute un peu... Tony a souffert de carences précoces très graves. Il prend plus que sa part aux

1. Comme dans les *Confessions* de Rousseau le pasteur Lambercier criait « un aqueduc ! un aqueduc ! » devant le détournement de l'eau par les enfants...

émotions de la famille tellement sa *porosité* psychique est importante. Il mentalise mal ses émotions et peut s'émouvoir jusqu'à la détresse.

À la Toussaint, nous sommes allés avec les enfants poser des fleurs du jardin sur la tombe d'Élisabeth[1]. Nous sommes tous en deuil de sa présence, incapables de prévenir de fréquentes bouffées de chagrin. Tony le sait, le sent, par-delà les mots susceptibles d'exprimer la peine.

Sous une tendre lumière d'automne nous entourons cette tombe de silence ému. Et soudain, Tony : « Notre père qui es aux cieux... — tu sais, Élisabeth, on a tous de la peine — que ton nom soit sanctifié — t'es morte et nous on pense souvent à toi — que ton règne arrive — même que Janine des fois elle pleure — que ta volonté soit faite — même que des fois la nuit j'y pense — sur la terre comme au ciel — et c'est pour ça qu'on est venus — amen ! »

Muets, bouleversés, nous l'écoutions *l'idiot* du village, prophète à la bouche d'or, qui disait l'indicible par la grâce de son enfance attardée et « sachant », d'un génie innocent ce que parler veut dire.

DÉCEMBRE

C'est Noël qui vient ! Noël de consommation oublieux du sens. Ce matin, un enfant hurle dans la foule du supermarché parce qu'il a perdu sa maman.

Mais, c'est vraiment Noël, cet après-midi, dans cette chambre de clinique car le petit Tom vient de naître. Sa mère le tient contre elle, le regarde, lui parle. Elle lui donne déjà le lait de la parole. On frappe doucement à la porte. C'est sa belle-sœur, enceinte, inquiète, qui séjourne un peu à la maternité pour des soins de précaution. Cette jeune femme qui sera mère cet été regarde intensément le bébé, son neveu. Mère déjà dans l'intensité de son attente. Elle se prend à dire : « Comme ça fait envie d'attendre

1. Voir p. 42.

un bébé ! » dans le même temps que son propre enfant tressaille, lui rappelant sa présence en elle.

Cette histoire de femmes, si récente, a deux mille ans. C'est Luc[1] qui la raconte avec un lyrisme serein annonçant Noël : Une jeune femme enceinte visite sa cousine emplie d'un grand désir d'enfant : « Au moment où tu m'as saluée mon enfant a tressailli d'allégresse en moi ! »

Dans la grande surface commerciale où commence cette histoire, une voix d'aéroport interrompt la sirupeuse musique d'ambiance : « Votre attention, s'il vous plaît : un petit garçon qui ne sait pas dire son nom attend sa maman à la caisse principale... »

Moi, je connais le nom de cet enfant perdu : c'est le petit Jésus perdu, pour toujours, au supermarché.

1. Évangile selon saint Luc 1, 44.

3

2000

JANVIER

Née dans le premier tiers du siècle horrible et prodigieux qui vient de s'achever, notre génération d'éducateurs (la seconde de la profession) a grandi dans une représentation du monde, et de soi dans le monde, constituée de valeurs, de croyances, d'idéologies, de normes prescrites, en un mot dans une culture qui a littéralement explosé. Le monde et ses représentations ont davantage changé en quelques décennies qu'en plusieurs siècles. À l'orée du XXIe siècle, on ressent une sorte de vertige existentiel, une difficulté considérable à penser le monde dans sa croissante complexité et, par conséquent, à se référer à des valeurs de vie, des valeurs éducatives qui ne soient pas sans cesse remises en cause. Les avancées continues de la biologie du développement ou de l'astrophysique nous confrontent à l'irreprésentable, au non-pensable de l'infiniment petit et de l'infiniment grand : des confins du génome aux confins des galaxies... La contraction accélérée du temps dans les transports ou la communication abolit notre repérage dans le temps et dans l'espace. La pluie des informations, étoiles filantes et précaires, stimule plus notre émotivité que notre réflexion critique. Nous sommes soumis à un bombardement d'affects qui n'ont pas le temps d'accéder à la représentation[1]. La surdose émotionnelle suscitée par les médias empêche le travail de la pensée. La mutation des valeurs traditionnelles qui éclairent la famille, le couple, la sexualité, le travail, nous secoue comme des boussoles affolées. La croissance exponentielle des mégapoles, l'impérialisme du marché mondialisé, l'avènement d'un nouvel ordre climatique, le totalitarisme de l'informatique pressenti en son temps par Norbert Wiener,[2] donnent lieu à des renversements de la pensée, à un ébranlement en profondeur de notre être au monde. Ce qui est en question c'est l'humanité de l'homme qui tient tout entière dans sa capacité à se penser. Ce qui est en cause aussi, c'est la démocratie, la complexité du monde rassemblant les leviers de commande (informatique, économie, technologies de pointe...) entre les mains d'une élite du savoir qui ne constitue pas forcément une élite de la pensée et de la responsabilité. Ce qui est menacé c'est notre capacité individuelle à rester sujet conscient, lucide et libre, par conséquent responsable de son destin, de son histoire avec autrui, dans un monde effaré qui pousse à la régression sociale dans l'individualisme. Dans ces conditions, il est bien difficile d'énoncer un projet éducatif cohérent, structurant, sécurisant, tellement nous ressentons, selon le mot de Tocqueville « le trouble de vivre et la peine de penser ».

Rien de plus prosaïquement quotidien, de plus familièrement conjugal que ces deux brosses à dents inclinées sur le bord d'un pot en porcelaine dans notre salle de bain personnelle. Rien de bien significatif, quoique, rapprochées, elles évoquent la tendresse quotidienne ; éloignées, elles suggèrent quelque bouderie. En tout cas, penchées sur le parapet de leur donjon, nos brosses à dents veillent, débonnaires et paisibles. Jusqu'à ce que cette paix domestique soit menacée.

Hier, au moment des ablutions vespérales, je constate, incrédule, que le duo de garde est une trinité. Incongrue, clandestine,

1. Alors que Schopenhauer disait : « Le monde est ma représentation »...
2. Wiener N., *Cybernétique et société*, Paris, UGE, coll. « 10/18 », 1962.

intruse, une nouvelle brosse à dents s'est glissée entre les deux titulaires du poste. Enquête : c'est Grégoire, sept ans, qui a fait le coup. Accueilli chez nous tout bébé il s'estime peut-être en droit de s'introduire dans la place du couple parental. Je ne dis mot à personne et reste songeur devant cet œdipe insolite. Je me tais jusqu'à l'assaut final. En effet, deux jours plus tard, à la faveur d'une probable complicité intérieure, une seconde brosse à dents s'est introduite clandestinement dans le donjon. Rémi, neuf ans, a rejoint son frère. La place conjugale est occupée par les enfants, c'est l'inceste par brosses à dents interposées au mépris des structures élémentaires de la parenté. J'appelle Janine en consultation urgente. Elle semble si peu hostile aux envahisseurs que je la crois mollement complice. Il est vrai qu'elle les a maternés dans la tendresse de l'âge. Gardien de la Loi fondamentale je suis piégé, seul devant ces quatre brosses à dents symbiotiques et fusionnelles. Mais finalement, dans l'âpre solitude du chef, je prononce l'interdit castrateur autant que symboligène.

Sans moufter, Grégoire et Rémi filent replanter leurs brosses à dents dans le pot des enfants. Et nos brosses à dents personnelles retrouvent l'intimité conjugale grâce à l'énoncé de la loi.

Une récente émission de télévision nous entraînait dans la nébuleuse « psy » où le mal de vivre est censé être écouté et soigné. Après avoir congédié les sorciers, les thaumaturges, les devins, les prêtres et les exorcistes, nous cherchons toujours une oreille attentive où couler notre angoisse, notre culpabilité, nos souffrances traumatiques car nous n'y échappons jamais : il advient toujours un retour du refoulé. La psychanalyse a restitué au patient la dignité de reconnaître et de nommer sa souffrance sans incriminer les dieux ou le destin, et de redevenir sujet de sa parole. Mais, dans l'idéologie de la parole on aboutit parfois au fétichisme des mots, à l'illusion que ce qui est dit est forcément guéri. Il en résulte une réelle inflation d'interventions « psy » sur le marché du mal à vivre et du traumatisme. En effet ce ne sont pas tellement la parole ou la mise en mots qui soignent qu'un *travail* de la pensée. Et c'est un travail difficile, de longue haleine, douloureux parfois, qui faisait dire à Tony Lainé : « Nul ne peut transformer sa souffrance sans en payer le prix. »

Il reste que poser aux « psys » la question du sens à sa vie est insensé. Dans le transfert, le thérapeute n'est pas un enchanteur. Au terme de sa cure le patient n'est pas exonéré de cette interrogation existentielle sans réponse qui est celle du désir. Au mieux, il aura, avec la collaboration du thérapeute, réalisé un remaniement symbolique de sa représentation du monde et de soi, il habitera sa parole que squattait l'inconscient et son imaginaire sera décollé du symbolique.

Parfois, il peut être sage de ne pas recourir forcément à un « psy » et de garder sa vieille névrose pour autant qu'elle soit vivable et pas trop invalidante, comme Diderot gardait obstinément sa vieille robe de chambre. « Il ne faut pas — écrit Simone Weil — élaguer en soi avec trop de rigueur[1]. »

Nous sommes parfois surpris qu'en sortant de thérapie ou d'analyse, des proches ne semblent pas avoir changé. C'est que, selon Sartre : « On se défait d'une névrose mais on ne guérit pas de soi. »

FÉVRIER

« Vous connaissez Bach ? » Tony qui rentre ce soir de l'IME nous interroge comme s'il venait de croiser ce monsieur au bas de la rue, en descendant du car. En fait, il vient de rencontrer Bach en classe d'initiation à la musique.

En allemand, *bach* désigne un ruisseau. Mais le Bach dont Tony a fait connaissance est un fleuve immense. Au moment du deux cent cinquantième anniversaire de sa mort, et dans la préparation des *Folles Journées* de Nantes, la radio ne parle que de lui. Mais le fait que Tony, qui entend très souvent sa musique à la maison, nous demande si nous le connaissons, nous introduit en perplexité. Tony vit auprès de nous dans un bain de musique et ne mémorisait pas le nom du compositeur qui accompagne même les moments les plus prosaïques de ma vie. Finalement, il

1. Weil S., *La Pesanteur et la Grâce*, Paris, Plon, 1948.

se frappe le front et me déclare, illuminé : « Mais oui, que je suis bête, c'est la musique que tu écoutes quand tu fais le ménage ! »

Je retourne à mon bricolage consistant aujourd'hui à poser de la faïence dans la salle de bain des enfants. France-Musique me relie à Nantes en direct et verse du Bach à la pression. Un peu ivre de musique, je veille quand même au niveau et à l'aplomb des carreaux que je colle au mur et, psychanalyste du bricolage, j'associe : chez Bach, les fugues (le contrepoint) se lisent horizontalement, et verticalement les accords (l'harmonie), et je me surprends à coller de la faïence comme on compose ! Pour l'éducateur que je suis, Bach dont la musique est tellement libre dans des structures rigoureuses, justement parce que ces structures sont contenantes, est une référence éducative, d'autant qu'il fut dans sa vie familiale une puissante figure de paternité.

À ce sujet, rien n'est écrit dans son dossier. Rien ! Aucun rapport d'enquête sociale n'y fait allusion. Et pourtant, depuis toujours (elle a seize ans) une présomption d'abus sexuel paternel l'enveloppe d'un brouillard persistant. On en parle à demi-mot dans les couloirs du palais de justice lors des audiences annuelles. Elle n'en dit rien, elle fait bonne garde et les mots ne s'évadent jamais de leur prison psychique. Elle ne s'aime pas, elle n'aime pas son corps, le délaisse, l'oublie et l'habille n'importe comment. Il faut la contraindre à en prendre soin. Elle ne le cherche pas dans un miroir. L'action éducative, le travail thérapeutique glissent sur un couvercle hermétiquement scellé.

Son professeur de français a demandé aux élèves de choisir un poème de Victor Hugo, année Hugo oblige. Elle feuillette un recueil de cinq cents pages que je lui ai prêté. Elle n'a pas choisi les classiques « Demain dès l'aube », ou « Quand nous habitions tous ensemble ». Non, elle a trouvé le plus mauvais Hugo, cinq quatrains larmoyants. Mais, à la lecture du quatrième on saute sur une mine :

> « La misère de l'innocence
> Accuse l'homme vicieux

L'homme tient l'ange en sa puissance.
Oh ! quel tonnerre au fond des cieux[1]. »

Le lendemain, au collège, elle a été incapable de réciter son poème et a reçu un avertissement pour manque de coopération à son projet scolaire...

MARS

Vivre avec Estelle, qui a neuf ans, c'est en quelque sorte assister à un théâtre permanent. Elle est en représentation continue. Pour exister, pour en être sûre, Estelle *fait sa comédie.* Évidemment, c'est une comédie pathétique, sans relâche, qui ne fait rire personne, qui épuise tous les spectateurs dans la famille d'accueil. D'abord, Estelle a toujours un bobo qui appelle les plaintes. En visite mensuelle chez son père, elle le traîne chez le médecin et rentre à la maison brandissant une longue ordonnance dont elle fait grand cas. Elle absorbe ses remèdes pendant les repas avec des bruits d'aspiration, de reniflement et de déglutition qui focalisent sur elle les regards des commensaux. S'il advient qu'un autre enfant soit, lui, effectivement malade, elle éprouve soudain des souffrances qui en détournent notre attention. Elle boude la nourriture dont tout le monde se régale et chantonne lorsqu'un silence s'installe. Par conséquent, chacun voit bien qu'Estelle est là. En classe de neige, un enfant blessé est emporté par les pompiers, sirène hurlante. C'est Estelle qu'une douleur au poignet, forcément poignante, place au centre d'une foule de skieurs apitoyés.

Estelle ignore ce qu'elle va devenir. Elle n'est sûre de rien ni de personne. Elle « oublie » la petite fille Estelle, fait de l'adultisme, érotise ses relations avec tout un chacun, écoute les conversations des grandes personnes, se mêle de tout. Estelle est très malheureuse. Dimanche dernier, au cours d'une promenade le long de la mer, et comme tous les enfants se penchaient sur une table d'orientation, Estelle s'est assise au centre de la table incrustée d'une rose des vents, au carrefour de tous les possibles.

---

1. Hugo V., « Les enfants pauvres », in *L'Art d'être grand-père.*

Winnicott aurait peut-être repéré Estelle dans cet *espace potentiel* et, Mannoni y aurait entrevu le *travail de la métaphore...*

Salon du livre à Paris. Pour un temps, c'est encore la fête à l'écrit. Qu'en sera-t-il demain sous la dictature des médias audiovisuels ? À poser cette question, ne risque-t-on pas l'obscurantisme tels ceux qui auguraient des pires diableries devant l'essor de l'imprimerie ? Cette fois, l'enjeu n'est évidemment pas le pouvoir des clercs, qui, en tout cas, sont relayés par les clercs de l'informatique universelle. Ce qui fait question est la capacité du psychisme humain à contenir la déferlante des informations qu'il reçoit, à les filtrer, les évaluer, les classer, pour en nourrir sa pensée et fortifier sa liberté. Le livre est le séjour favori de l'esprit parce que c'est un lieu d'attention, de lenteur, de silence et d'intimité avec l'autrui qui nous parle en écrivant. Cette attention dont Simone Weil écrivait : « Les valeurs authentiques et pures de vrai, de beau et de bien dans l'activité d'un être humain se produisent par un seul et même acte, une certaine application à l'objet de la plénitude de l'attention[1]. »

Et puis, le livre est un objet puissamment érotique : froissement soyeux des pages, grain du papier sous la main, odeur fanée d'un livre ancien, acidité d'un livre neuf, volume qu'on serre contre soi, qu'on ouvre comme un fruit. Cette érotique de la lecture est, selon Barthes, le plaisir du texte. « Le texte que vous écrivez doit me donner la preuve qu'il me désire[2]. »

Laurent est un emmerdeur de neuf ans. Dès le lever, il perturbe le groupe, « cherche » l'un, agace l'autre, *mouche du coche*[3] sur le chemin montant et malaisé de sa jeune vie. Les conflits dans la salle de bain, c'est lui : les bols renversés c'est encore lui ; les coups aux copains en montant dans le car scolaire, c'est toujours

1. Weil S., *op. cit.*, 1948, p. 118.
2. Barthes R., *Le Plaisir du texte*, Paris, Le Seuil, coll. « Points », 1973, p. 13.
3. *Cf.* La Fontaine...

lui. Bien sûr que cette grogne, que cette hargne disent, en code symptomatique, que Laurent ne s'aime pas. Carencé précoce, il entre dans sa journée comme il est entré dans la vie : à reculons. L'éducateur de groupe qui a *fait* la nuit et le lever se détermine à conduire lui-même Laurent à l'école, passeur d'enfant entre l'internat et la classe. En route, ils se parlent sans la contrainte du face à face, le défilement du paysage emportant la gêne d'être si proches l'un de l'autre. Ils parlent du vent frisquet, du lacet dénoué, du pull qui bouchonne sous la parka. Et ça rime avec ronchonne. Laurent s'est coiffé avec un pétard. C'est dur de vivre, d'être au monde avec une leçon non apprise et une chaussette qui plisse au talon, avec ce matin de mars qui pleut, ce dernier week-end en famille raté, cette giboulée qui vous flanque un grand coup de torchon mouillé en arrivant à l'école... La maîtresse est là qu'un autre petit garçon fleurit de jonquilles humides. Laurent fait la tête, grogne des promesses de bonne conduite à la cantine, d'effort en calcul, pour que ce soit *mieux* qu'hier.

Laurent est immobile, tête baissée, mains crispées sur son cartable. Alors, la maîtresse pose sur la joue de Laurent un gros bisou d'accueil, pour vivre, toute la journée...

William est mort d'une overdose. Il avait dix-sept ans. Il est mort aussi d'une overdose d'interventions judiciaires et administratives. En effet, William a vécu très longtemps dans une famille d'accueil aimante sans que sa famille d'origine soit écartée par ses « parents d'accueil ». Il a vécu chez eux le cœur entre deux chaises comme il en est presque toujours en famille d'accueil, si aimante et professionnelle soit-elle En famille d'accueil, les choses de l'amour familial y sont encore plus compliquées, forcément compliquées, marquées par l'ambivalence des sentiments, les conflits de loyauté que Myriam David rassemble dans l'expression générique de *mal de placement*[1].

Dans cette famille, William avait été accueilli tout petit, à l'âge de l'*attachement* précoce. Avec elle, il avait suivi un long chemin

1. David M., *Le Placement familial*, Paris, Dunod, 2004 (5e éd.).

d'histoire commune. Et puis, subitement, le juge des enfants et l'inspectrice de l'Aide sociale à l'enfance ont estimé que William devait être rendu à ses parents fous pour la forte raison que c'étaient ses parents. L'*idéologie du lien* que dénonce Maurice Berger[1] postule bibliquement que les parents sont ontologiquement bons et compétents : Dieu est un père, donc le père est un dieu. À la lumière de ce syllogisme, William a, par conséquent, quitté sa famille d'accueil pour se faire tabasser par ses parents fous. Des placements multiples ont suivi cet échec annoncé du retour en famille, le cimetière constituant, si l'on ose dire, un « placement » définitif.

Comment convaincre certains juges, inspecteurs de l'Aide sociale à l'enfance, travailleurs sociaux, qu'il faut parfois que les parents et les enfants se quittent pour ne pas se perdre, que le mythe du grand retour a été conçu dans la dévotion biblique aux parents[2] et par les projections inconscientes des responsables judiciaires et sociaux sur les parents d'enfants placés ?

Remettre un enfant à sa famille c'est souvent commettre un *meurtre psychique*[3] et parfois un meurtre tout court.

Mai

Tu sais, Hugo[4], je suis triste. Le monde est moche, la cruauté, la violence, l'injustice et la connerie oppriment partout les hommes. On tue des journalistes libres, les plages sont polluées, la couche d'ozone diminue d'épaisseur, les glaciers fondent et les vaches sont folles. En ville, des enfants croient que le lait sort en briques, que l'herbe est en plastique et que les poissons sont rectangulaires. Pourtant, ils continuent de mettre aux maisons qu'ils dessinent des cheminées qui fument et des fenêtres ouvertes sur des jardins en fleurs...

Allez, viens Hugo, descendons au jardin tous les deux. Ta main, trop petite pour la mienne, serre mon majeur de toutes

1. Berger M., *Les Séparations à but thérapeutique*, Paris, Dunod, 1992.
2. Voir Miller A., *L'Enfant sous terreur*, Paris, Aubier, 1986.
3. Maurice Berger
4. Il a vingt mois, c'est mon petit-fils.

ses forces. On passe d'abord sous le grand lilas blanc dont la tiédeur du jour exalte le parfum ; on s'arrête sous la spirée pour cueillir du muguet. Ce muguet est tardif et s'est probablement gardé pour nous deux. Tu en saisis trois brins dans ta menotte, j'y joins quelques myosotis et trois pervenches comme tes yeux bleus. On repart. Ouvre un peu les doigts que j'y ajoute cette renoncule sauvage échappée au sarcloir et puis ce petit géranium à collerette rubis. Allez, on continue notre tour de printemps. Les rosa-rugosas mauves piquent et sont trop hautes pour toi, mais, tu peux respirer la basse branche du vieux lilas violet qui fleurit peut-être pour la dernière fois. Tu empoignes les iris finissant qui encrent prématurément tes doigts de futur écolier. Passe sous l'arche étoilée de la clématite Montana et viens par ce chemin ménagé pour les enfants entre les cotonéasters exubérants, épais et sombres. Ton petit bouquet éclaire comme une lampe. Au sortir de l'ombre, nous rencontrons les pivoines écarlates. Attention devant toi, ne te penche pas, le bassin est profond !

Fasciné, tu t'agenouilles, tu ouvres involontairement la main. Ton bouquet tombe à l'eau dans laquelle un gros têtard avance à la godille.

C'est un mystère trop profond ou un secret trop lourd : depuis des années cinq poissons rouges prenaient, au sortir de l'aquarium, leurs quartiers de printemps et d'été dans le bassin du jardin. Mais, depuis une quinzaine de jours, l'eau est déserte. Un massacre collectif aurait laissé quelques traces pour une expertise médico-légale, mais, rien de rien. L'instruction a présumé le chat coupable, sans suite. Le dossier fut clos sur un mystère.

Pourtant, ce matin, alors que la pompe installe sur le bassin le point d'exclamation de son jet d'eau, des éclairs d'argent traversent les bulles : trois petits poissons sans papiers squattent le bassin ! Le mystère de cette génération spontanée épaissit celui de la disparition des occupants légitimes. Notre rationalisme nous interdit de croire à quelque miracle d'autant que les trois clandestins ressemblent fort aux poissons de la mare communale. Par conséquent, l'enquête est rouverte pour un supplément d'instruction fondé sur des éléments nouveaux. Le second interrogatoire des enfants ne donne rien, n'était le fait qu'ils ne semblent pas étonnés de la présence des squatters, comme si la transmutation soudaine de cinq cyprins en trois gardons allait de soi ! L'enquête change de direction au moment où nous nous rappelons que David, quinze ans, qui a vécu chez nous sa petite enfance, est venu récemment nous revoir. David régnait alors en poète et en expert sur les grenouilles, les tritons et les salamandres du marais. Interrogés une troisième fois, ses petits frères se réfugient derrière un : « On peut rien dire, c'est un secret ! »

Les doutes sur l'origine des gardons étant dissipés, reste la disparition mystérieuse des poissons rouges. Des hérons ayant été aperçus sur le marais, nous les avons jugés et condamnés par contumace.

Juin

Dans l'hebdomadaire professionnel où je « chronique » depuis plus de dix ans, j'avais promis de ne plus contester la réduction légale du temps de travail hebdomadaire et l'amplitude horaire imposées aux travailleurs sociaux, notamment aux éducateurs d'internat, sauf à passer pour un attardé du scoutisme des années quarante. C'était sans compter qu'un certain Lou-Ben, éducateur spécialisé de son état, affirme en son site Internet que la loi est la loi et qu'il faut l'appliquer. Il écrit : « Je pense bien sûr en premier lieu aux routiers sans oublier tous ces métiers divers (travail à la chaîne, télé-commerce, saisie informatique, etc.) où la pénibilité du travail demande à limiter les amplitudes. »

Fort bien, jusque-là j'approuve mon collègue. Mais, plus loin, Lou-Ben fustige les éducateurs hors-la-loi qui n'acceptent pas ces nouvelles contraintes horaires, en considérant, il cite alors Paul Fustier, que ces délinquants du travail en internat sont dans *le manque à combler* ou la préoccupation maternelle primaire[1] ! Comme si l'organisateur psychique du travail en internat était en quelque sorte la dévotion maternelle des premiers éducateurs... Mon jeune collègue ajoute enfin que si la réduction du temps de travail crée des postes supplémentaires d'éducateurs, c'est

1. Fustier P., *Le Lien d'accompagnement*, Paris, Dunod, 2000.

tant mieux car, plus il y aura d'intervenant auprès des enfants moins ces derniers seront menacés d'une relation continue et envahissante. D'ailleurs, je le cite : « Depuis quand le travail thérapeutique s'appuie-t-il sur la continuité[1] ? »

Attendu que j'ai toujours soutenu la continuité de la relation éducative et la modestie numérique des intervenants auprès des enfants, notamment les carencés relationnels précoces souffrant d'un trouble de l'attachement, je propose une réflexion à mon cybercollègue : à ma connaissance, les éducateurs d'internat ne font pas du travail à la chaîne. La logique de l'internat n'est pas logicielle, les éducateurs ne sont pas des routiers, ni les enfants... des camions !

Un éducateur ayant choisi le « vivre avec » en internat ou en famille d'accueil, *a fortiori* en lieu de vie, est souvent confronté au corps des enfants et à leur sexualité. Il ne peut qu'être profondément choqué par la médiatisation de l'impudeur, par la violence des attaques contre l'intimité.

À Barcelone, une exposition photographique a pour objet la *sphère de l'intime*[2]. À Santiago du Chili, une « actrice » passe quinze jours dans une cage de verre[3]exposée au public, et, à Oberlin (Ohio) six adultes vivent sous l'œil des caméras relayées par Internet. Ici, une jeune femme se déshabille et se masturbe pour un film vidéo élevé par la critique à la dignité d'une *œuvre d'art.* Là, la vieillesse et la mort, la déchéance des corps sont exposées, prostituées en quelque sorte, au nom d'une créativité forcément *transcendante et signifiante* ! Enfin, nous nous souvenons de ce jeune et talentueux écrivain qui, à quelques jours de mourir du sida, s'autofilmait jusque dans ses waters...

Certes, la fascisante hypocrisie de l'ordre moral toujours prêt à resurgir, justifie quelques provocations salutaires et libératrices, mais, pour moi, éducateur, la question se pose de savoir ce qui est

1. *Idem.*
2. *Le Monde* du 6 juin.
3. *Le Monde* du 31 janvier.

vraiment libérateur. Nous avons accueilli une fillette au bord de la psychose, impudique, qui s'asseyait dans l'escalier intérieur de la maison cuisses ouvertes sur son sexe. Ce n'est pas au nom de la morale que nous l'avons contrainte à la pudeur mais parce que nous pensons d'abord que l'intimité et la pudeur exercent une fonction de contenant psychique. Cette enfant « ouverte » était traversée, transpercée par le regard d'autrui et n'existait pas comme sujet unique, intègre, limité et contenu dans un espace réel et symbolique. Elle nous paraissait *confondue,* inexistante, privée de ce que Didier Anzieu a nommé le *moi-peau* dans sa fonction de filtre, d'enveloppe et d'interface. Une injonction éducative à la pudeur du vêtement et des postures favorisait, selon nous, l'inscription de cette fillette dans une culture humanisante car, c'est dans l'enclos de l'intime et le secret pudique de ses replis, que se protègent du regard pervers l'unique et la dignité du sujet.

Alors que la paix au Proche-Orient est repoussée sans cesse par les extrémistes des deux camps, je m'avise que la question du statut de Jérusalem, la Jérusalem terrestre, constitue la métaphore de toutes les paix à venir dans le monde. La paix à Jérusalem donne à penser toutes les paix.

Dans un admirable petit livre : *De l'Intranquillité de l'âme*[1], Catherine Chalier nous aide à penser paradoxalement la paix. En effet, ce n'est pas avec l'âme tranquille de la sagesse stoïcienne, insensible aux convulsions du monde et aux souffrances des hommes, qu'il est possible de contribuer à l'avènement de la paix. La paix n'est pas non plus dans la promesse d'un au-delà meilleur, objet de l'espérance religieuse. La paix n'est pas dans une vérité universelle. Encore moins dans une violence perpétrée au nom de Dieu car nul n'a le droit de brandir son Nom contre ses frères. Avec Emmanuel Lévinas, que cite souvent Catherine

1. Chalier C., *De l'Intranquillité de l'âme,* Paris, Payot, 1999.

Chalier, on constate que la violence peut certes procurer la souveraineté mais qu'elle est toujours solitude. Le philosophe de l'altérité estime d'ailleurs que nous sommes voués à une *fraternité irréductible.* Alors, comment faire la paix ?

« Faire la paix — écrit C. Chalier — passe par le consentement au partage comme à une condition ineffaçable d'accès à l'humanité. » Il me semble d'une très significative modernité qu'au centre de son livre surgisse un cri sur la condition des femmes dans le monde comme passage obligatoire de la paix :

> « Comment admettre que les hommes soient prêts à une alliance de paix avec leurs frères [...] s'ils imposent soumission et silence à la part féminine de l'humanité ? »

Petit livre dense à méditer dès lors que la relation éducative peut être envisagée comme le berceau de la paix...

FIN AOÛT

Au temps où j'étais écolier, la rentrée des classes avait lieu le 1er octobre, bien loin, déjà ! des ardeurs de l'été. L'odeur craquante des feuilles mortes ajoutait sa mélancolie aux regrets poignants de ma liberté perdue. Au long des couloirs gris de l'austère pensionnat, de longues théories de nuques rasées et de blouses grises cheminaient vers les classes aux frontons desquelles était écrit en gothiques solennelles : « La classe est le sanctuaire du travail et du silence. » Après une oraison jaculatoire marmonnée en latin ou en grec selon l'humeur du pion, nous prenions place, jeunes forçats des humanités catholiques, sur les bancs de rame du savoir et commencions une dictée impitoyable qui semblait devoir durer l'année scolaire qui s'ouvrait.

Malgré les cruels chagrins de la rentrée, l'ouverture d'un cahier ligné, craquant le neuf et sentant bon le papier vierge, inaugurait la liturgie expiatoire des abandons et de la paresse de l'année passée. La pureté lustrale d'une première page immaculée me régénérait de façon indicible. En mon cœur d'enfant coupable, se formaient des promesses ferventes en réponse aux attentes de mes parents et la résolution de tout réussir, sinon pour la gloire de l'excellence finale, du moins pour la conservation de leur amour...

Cet instant de l'ouverture du cahier neuf possédait une grâce précaire et tremblante. Tout en haut de la première page j'écrivais « Dictées » en anglaises moulées. Hélas ! ma plume, insecte crissant et maléfique, griffait en l'éclaboussant de gouttelettes noires l'espérance qui s'attachait à cette feuille inaugurale. Peut-être ce précoce désespoir, profondément intériorisé, a-t-il, plus tard, favorisé mon identification inconsciente aux enfants en difficulté affective et scolaire ?

Septembre

La vieille tante est venue passer quelques jours à la maison. Mélancolie de ces retrouvailles dans l'intuition brumeuse d'une *dernière fois,* d'adieux implicites et inéluctables. Nos propres enfants et ceux que nous accueillons encore sont présents. Leur présence condense le souvenir de tous ceux que la tante a connus, câlinés, écoutés. Comme avant nous prenons avec elle, mais plus lentement, le chemin des promenades habituelles. Comme avant, la vie de tous les jours partagée avec elle retrouve le rite des menus plaisirs, des presque riens qui ont fondu nos cœurs.

Il y a trente-trois ans, elle avait ouvert avec nous, loin de sa ferme familiale ruinée, ce foyer pour adolescents confiés par le juge. Je l'avais embauchée comme cuisinière et, par conséquent, placée au centre des choses. Je ne comprenais pas alors qu'on fît dans cette petite institution une si grande consommation de café. En fait, ce qui se passait à la cuisine dans une bienheureuse clandestinité touchait à la plus rustique psychothérapie. La tante faisait chauffer un *petit café* pour tel garçon qui lui racontait sa vie tandis qu'elle préparait la soupe du soir. Cette modeste activité domestique exerçait, entre celle que tous appelaient « Tante » et le garçon de passage dans sa cuisine, une sorte de médiation naturelle favorable à la parole et à l'écoute en dissipant les pudeurs d'une relation duelle. Cette femme sans savoir savait écouter. Ni science acquise ni compétence de clerc dans son attention totale et bienveillante à la parole de l'adolescent. Cette parole, le plus souvent de souffrance, coulait alors vers elle qui la recevait dans des effluves familiers, dans la maternante sensorialité d'une soupe du soir.

En juin dernier, la délégation ministérielle à la famille et à l'enfance m'invite à parler du *soin aux enfants en famille d'accueil* à l'occasion des rencontres nationales de l'enfance maltraitée du 26 septembre, à Parsis, dans le grand amphithéâtre de la Sorbonne. Temps de parole : dix minutes. J'accepte, heureux qu'un éducateur de base soit invité à intervenir dans une rencontre d'importance nationale.

Trois jours avant le colloque, je suis convoqué à Paris pour une réunion préparatoire afin de me « caler » avec les autres intervenants. Et déjà la conseillère de la ministre veut réduire nos interventions à cinq minutes ! Venus tous de très loin au prix d'un gros effort de disponibilité et de déplacement, nous protestons énergiquement considérant qu'on ne peut plus dire en cinq minutes ce qu'on avait déjà concentré en dix. Finalement, on nous restitue nos dix minutes de parole.

Au jour du colloque, la célèbre fresque de Puvis de Chavannes consacrée à l'art, aux sciences, aux lettres et à la philosophie, domine une tribune de « stars » (qui, elles, ne figuraient pas à la réunion préparatoire...) et un amphi plein à craquer. La sono est infecte et le public s'en plaint. Qu'importe, les « stars » interviennent, prennent leur temps et mangent nos pauvres minutes de fantassins de l'action sociale. La ministre, qui, elle aussi a pris son temps, est maintenant crispée sur sa montre. Le public n'en peut plus qui est coincé à sa place, sans pause depuis trois heures ! Il s'agite, bavarde, va et vient. Les derniers orateurs bâclent leurs interventions. Le temps passe, la pression monte dans le public. La ministre se penche vers moi et me demande de *faire très vite.* Je suis le dernier. Ma parole d'éduc de base se perd dans le larsen, les claquements de strapontins, les protestations. C'est fini, c'est foutu. Dans une corbeille du couloir je jette, écœuré, l'invitation à déjeuner de la ministre.

Et je me dis que, si dans une assemblée de ce niveau, on ne peut entendre un éducateur proche d'eux on ne peut non plus entendre les enfants.

Octobre

Poussées par le vent, les fortes pluies ont fait violence au jardin, saccagé les buissons d'asters, alourdi les marguerites d'automne, écrasé les cosmos et pourri les dernières roses. Raides sentinelles, les rudbekias sont encore debout. Dans le silence et la lenteur, une longue journée de travail restitue au jardin un peu de sa fantaisie ordonnée. Récompense ultime, le couchant baigne le soir de lumière tiède et flavescente.

Mais, le journal télévisé emplit la maison des images du salon mondial de l'automobile. Fiévreuse, pressée dès l'aube contre les portes du parc des expositions, la foule accède enfin au temple des divinités. Commencent alors une adoration collective, une dévotion érotisée de masse...

Heureusement, le jardin, lui, s'ouvre à la *douce nuit qui marche*[1]. Sous les premières poussées de l'équinoxe, la mer monte, et, sur la côte, commence la veille immémoriale des feux codés. La petite musique proustienne fait contrepoint au souffle de la paix :

> « D'ailleurs la nature par tous les sentiments qu'elle éveillait en moi, me semblait ce qu'il y avait de plus opposé aux productions mécaniques des hommes. Moins elle portait leur empreinte et plus elle offrait d'espace à l'expansion de mon cœur[2]. »

Novembre

Veille de Toussaint qui suscite notre mémoire endeuillée. Les grands sont rentrés de la « fac », les petits écoutent. Des ombres aimées nous entourent. Bertrand, presque vingt ans, est présent. Après la mort de notre collègue éducatrice, sa « mère d'accueil », nous l'avons reçu pour un temps de deuil et de transition. Grand garçon, doux, souriant d'un sourire crispé sur sa peine. Il mange, voûté, tassé sous le poids du drame récent. Nous parlons de ces morts convoqués par la Toussaint et le nom d'Élisabeth emplit le silence ému. Bertrand passe alors ses mains sur son visage,

1. Baudelaire Ch., « Recueillement », in *Les Fleurs du mal.*
2. Proust M., *Du côté de chez Swann*, Paris, Gallimard, coll. « Folio », p. 377.

tremble, se désorganise, pleure en souriant. « Le visage est vision de la parole[1]. »

Nous racontons quelques souvenirs en tournant les pages d'une mémoire collective emplie de visages d'enfants et du visage de cette femme d'ombre, assise parmi nous et souriante. Notre parole tend la main à la parole de Bertrand afin qu'après avoir versé en souriant des larmes muettes, ce grand garçon silencieux parvienne à verser des larmes de mots.

Courses hebdomadaires au supermarché qui voisine avec la maison d'arrêt. Pierre vient d'y être écroué pour la quatrième fois : manquement probable au contrôle judiciaire. Cette fois il ne nous a pas prévenus. Janine lui a écrit un petit mot fidèle et triste auquel elle a joint quelques timbres. En déchargeant nos caddies nous apercevons, non sans malaise, les hauts murs de la prison autour de laquelle s'anime le marché du jeudi. Passent les adolescents qui vont au lycée. *La vie est là simple et tranquille...* Donc, à quelques mètres de nous, Pierre partage une cellule *individuelle* avec sept détenus dans la promiscuité horrifique du jour et de la nuit. Tout ça pour des « conneries » à répétition. Addition de mois « fermes », révocation de sursis. La spirale de l'absurde pénal se déploie une fois de plus se nourrissant à sa propre inanité.

Les enfants remettent le caddie en place et récupèrent la pièce de caution. Mais, il y a ce mur à quelques pas, ce mur inerte qui crie. Certes, le gouvernement vient d'annoncer un plan de dix milliards de francs pour rénover les prisons. Mais ce plan, si tardif, ne concerne que les murs, le contenant. Le « contenu » devrait être la continuité du lien humain nul n'étant censé être tenu hors de l'humanité. Le contenu serait un travail digne justement rétribué, des soins psychologiques, un effort de réparation du préjudice et des souffrances causés, des peines de substitution

1. Denis Vasse, in *Actes du colloque de l'Unesco sur F. Dolto*, Paris, Gallimard, 2000, p. 422.

d'utilité sociale, en un mot tout ce qui est constitutif d'une espérance.

Avant de rentrer à la maison nous passons par notre librairie familière. *Paroles de détenus* vient de paraître[1]. Dix francs pour écouter le murmure des murs.

Dans *Le Monde* du jour[2] Act-Up Paris a écrit un beau papier :

> « Les murs sont toujours debout, et c'est bien moins "l'archaïsme" des prisons qui fait énigme que la manière dont nous y sommes accoutumés, la façon dont elles nous sont devenues familières, banales. »

Le marché du jeudi est si près de la prison !

La Rochefoucault a écrit qu'on a toujours assez de force pour supporter les maux d'autrui.

Toute la question est de savoir si « faire » un lever, partager un repas, nouer des lacets, écrire un mot pour le maître, organiser un camp VTT, cueillir des mûres, confectionner un gâteau, visiter les parents, chanter autour d'un feu, mettre du *rouge* sur un bobo, contraindre à changer de chaussettes, écrire un rapport de synthèse, passer la serpillière, conduire chez le médecin, veiller aux devoirs et aux leçons, allumer les bougies d'anniversaire, rire un bon coup, piquer un coup de gueule, rentrer chez soi avec un gros cafard, faire la fête, séparer deux mômes qui s'esbignent, faire un foot, aller au ciné, construire des cabanes, ramasser des châtaignes, trier du linge sale, aider à se faire beau, attacher des couettes avec un ruban, réparer un vélo, recoller un objet aimé, dire non, assumer un conflit, préparer carnaval, ranger le groupe, passer les consignes, poster une carte aux parents, rencontrer le superviseur, tourner une sauce, se débattre dans un contre-transfert, marcher en forêt, s'asseoir au bord d'un lit, moucher un nez, donner une douche, chercher le doudou, parlementer avec les policiers, rendre compte au juge, mettre une nappe sur la

1. Guéno J.-P. (dir.), *Paroles de détenus*, Paris, Librio, 2004, 2 euros.
2. 5-6 novembre 2000.

table, énoncer la Loi, écouter, décoder un langage symptomatique, relire Winnicott, contraindre à réussir, conserver une bonne distance relationnelle, reconnaître ses émotions, confectionner un arc, monter une « expédition », tenter un exploit, soutenir dans un effort, prévenir une grosse bêtise qui se prépare, penser aux médicaments, boucler une ceinture de sécurité, arrêter la voiture quand ça chahute trop, monter une tente, pincer la guitare en chantant, faire laver des mains, répéter « mange proprement ! », servir le potage, raconter une histoire, sécuriser, contenir dans le temps et l'espace, animer un jour de pluie, approfondir la clinique des carences précoces ou de l'autisme, percevoir le mauvais esprit qui se déploie, refuser les injures, maîtriser physiquement, trouver un pyjama sec, beurrer une tartine, faire un bisou du soir, constituent encore, nonobstant la réduction du temps hebdomadaire de présence et l'amplitude du temps de présence, les fonctions élémentaires de l'éducateur et de l'éducatrice spécialisés...

DÉCEMBRE

Les enfants de l'IME[1] sont à table. Tout juste avant de servir la purée, l'éducateur consulte sa montre, se lève, souhaite bon après-midi aux jeunes, transmet quelques consignes à sa collègue qui, venant d'arriver pour la relève en plein repas (!) se saisit de la louche et sert la purée. Il y a des institutions intégristes de la RTT et des ayatollahs de l'amplitude horaire de travail qui n'attendent même pas le dessert...

Ce témoignage, transmis par un collègue, me rappelle cet adolescent que nous accueillions et qui effectuait un stage de palefrenier-soigneur au centre équestre voisin. À midi sonnant, Michel ayant déjà curé trois pieds d'un cheval, reposait le quatrième qu'il venait de saisir et s'en allait déjeuner. À son retour il reprenait le curage là où il l'avait laissé pour en quelque sorte repartir du bon pied !

Ces deux vignettes éveillent une réflexion sur l'antinomie apparente entre un temps salarié rigoureusement compté et un

1. Institut médico-éducatif pour enfants handicapés et/ou déficients intellectuels.

temps dilaté par le bon sens et la générosité. Mais, faut-il obligatoirement en passer par ce clivage éculé entre l'éducateur tout dévoué et l'éducateur strictement professionnel, entre le gratuit et le payé ?

Paul Fustier[1] analyse les paradoxes de la relation d'accompagnement et nous suggère, en écho à Winnicott, de ne pas trop les clarifier. En effet, vivre avec les enfants en internat, *a fortiori* en famille d'accueil, nous place fréquemment dans un *entre deux* où se confondent plus ou moins vie personnelle et vie professionnelle, privé et public, donné et rétribué. C'est un paradoxe, un paradoxe vivant dont Winnicott, cité par Fustier, écrit :

> « Je demande qu'un paradoxe soit accepté, toléré et qu'on admette qu'il ne soit pas résolu. On peut résoudre le paradoxe mais le prix à payer est celui de la perte de la valeur du paradoxe. »

« Ah, qu'est-ce que ce serait bien si maman arrêtait de boire ! » soupire Séverine (17 ans) que nous ramenons de la gare après un séjour chez sa mère. C'est le vieux soupir qu'elle poussait déjà à sept ans, lucide comme beaucoup de jeunes enfants qui souffrent. En effet, depuis dix ans, de promesses en promesses, de cures commencées en cures abandonnées, beaucoup d'alcool a coulé sur les résolutions de sa mère Devant le juge des enfants, Séverine refuse catégoriquement de retourner vivre chez cette dernière. Au mieux, elle accepte d'y séjourner brièvement pendant les petites vacances scolaires. Même, lorsque, ayant bu, sa mère l'appelle chez nous, Séverine, découragée, raccroche le téléphone !

Imbibée d'alcool cette mère vit dans une solitude pathétique. Elle s'obstine dans le projet de reprendre sa fille à la maison. Elle prend des résolutions, promet au juge de commencer une cure de sevrage avec l'aide de l'assistante sociale et, une fois de plus, nous quitte, déterminée, dans le hall du palais de justice.

1. Fustier P., *op. cit.*, 2000.

Ce matin, je suis seul dans la maison et sous la douche. Le téléphone appelle.

Fred Astaire de salle de bain, je chante sous la pluie chaude, résolu à ne pas répondre. Mais la sonnerie insiste. Exaspéré et ruisselant j'y vais sous l'injonction du surmoi professionnel.

« Je viens vous dire la grande nouvelle ! » m'annonce la mère de Séverine. Malgré l'humeur d'être dérangé et l'inconfort de la situation (transi, je ruisselle sur la moquette de la chambre...) je me réjouis soudain : la mère de Séverine vient me dire qu'elle est en cure ! Je l'écoute avec empathie : « Vous savez, elle va être drôlement contente Séverine, la chienne a fait onze chiots ! »

Le siècle dernier a été le siècle de la femme, des antibiotiques, de la paix en Europe, de la Communauté européenne, de la décolonisation, du code génétique, des avancées scientifiques et médicales immenses, de la communication... Mais aussi siècle du totalitarisme nazi, stalinien ou de leurs répliques chinoise, cambodgienne et autres... Siècle des morts, des déportés par centaines de millions, des souffrances planifiées, programmées, organisées, industrialisées dépassant notre pouvoir de représentation. Nous sommes contemporains de l'horreur totalitaire, notre responsabilité balbutie et trébuche sous la question biblique obstinément rappelée par Emmanuel Lévinas, le philosophe de l'altérité : qu'avons-nous fait de nos frères ?

Dans un ouvrage qui vient de paraître[1], Tzvetan Todorov illumine la trace de quelques grandes consciences de ce siècle : David Rousset, Primo Levi, Germaine Tillon, Romain Gary, Vassili Grossman et Marguerite Buber-Neuman qui « ont continué malgré tout de croire que l'homme mérite de rester le but de l'homme et qui nous montrent qu'on peut résister au mal sans se prendre pour une incarnation du bien. »

Ces grandes consciences ont dit « non » au totalitarisme au nom de l'humanisme.

1. Todorov T., *Mémoire du mal, tentation du bien*, Paris, Robert Laffont, 2000.

Au modeste niveau de notre action quotidienne auprès des enfants et des adolescents, oser dire non, assumer l'inévitable conflit qui s'ensuit, est l'enjeu fondamental de la relation éducative car l'enfant n'est pas naturellement bon. La mégalomanie infantile n'est pas une abstraction clinique. Le Petit Prince, dans sa lumineuse blondeur, vient d'une autre planète mais, les petits princes de la terre, eux, sont dans la toute-puissance, la volonté de jouissance immédiate et l'emprise totalitaire sur leur mère. Ils règnent sur un royaume d'illusions. C'est dans la loi du père qu'ils apprennent à résister au mal sans se prendre pour une incarnation du bien et, ce relativisme, dans la loi et la désillusion, est déjà un humanisme.

4

2001

JANVIER

Il y a quelques jours un pigeon nous est tombé du ciel, épuisé. Pigeon perdu sans bague comme chien sans collier. Nos phobiques de l'abandon, Rémi et Grégoire (11 et 7 ans) se sont évidemment identifiés au voyageur en perdition et l'ont posé sur la paille du poulailler des *nègres-soie.* Ce sont, comme leur nom ne le dit pas, des poules blanches et dont, au terme des dernières vacances d'été, Rémi a rapporté un couple acheté lors de la visite d'un parc animalier. Climatisation obligée, détente des poules sur les aires de repos de l'autoroute, Rémi ne nous a rien épargné. Malgré leur nom qui évoque les souffrances de la négritude et la douceur, ces poules étranges, originaires de Chine, sont xénophobes. Elles ont immédiatement repoussé le pigeon hors du poulailler. Mais, fort sociable, ce dernier insiste, roucoule en tournant autour du poulailler, et la nuit, perche sur le toit. Il laisse approcher les enfants à quelques centimètres et s'envole au moindre geste caressant. Ce pigeon est en quelque sorte dans une sorte de *dehors-dedans* constitutif d'un paradoxe à ne pas résoudre. À cette question winnicottienne le jeune coq *nègre-soie* ajoute la complication d'un cocorico rageur dès qu'il aperçoit l'aimable pigeon à la porte de son chez soi. Les voisins vont finir par porter plainte... Troublés et sans doute inspirés par leurs projections inconscientes, Rémi et Grégoire ont affirmé que, malgré l'hostilité honteuse des poules, le pigeon « est quand même un peu de la famille... », énonçant à leur façon le paradoxe de l'accueil d'un enfant dans une famille-non-famille...

Mercredi 17 janvier. L'émission de Michel Field *Ce qui fait débat*[1] rouvrait comme une blessure un *passé qui torture* en Algérie. Débats forcément passionnels, et, passionnants. Pourquoi, depuis plus de quarante ans, la majorité des appelés du contingent est-elle mutique à ce sujet ?

C'est la question que pose à mes enfants mon propre silence.

De même que la plupart des jeunes gens de ma génération j'ai passé presque trois ans en Algérie. Je n'y ai torturé personne. Je crois que, comme de nombreux camarades, j'étais horrifié par les témoignages que nous entendions mais que, appartenant à une arme technique en retrait du « terrain » il nous était impossible de vérifier. Eussé-je moi-même parlé sous la torture ? Peut-être, tel ceux dont Malraux évoque la tragédie dans l'oraison funèbre de Jean Moulin. Mais, je ne crois pas que j'eusse torturé, non pas que je fusse plus moral et vertueux que d'autres, mais j'eusse été retenu par un instinct de survie : la souffrance infligée à autrui m'eût peut-être montré les signes de ma propre mort sur le visage d'autrui. Je crois le comprendre, mais tardivement, en lisant ce qu'Emmanuel Lévinas a écrit sur le visage du prochain.

J'étais parti en Algérie la peur au ventre, à fond de cale d'un transport de troupes, dans les beuveries et les obscénités derrières lesquelles mes conscrits masquaient probablement leur propre peur. Mais je n'avais pas le sentiment d'être expatrié en Algérie, tellement j'étais plein de ce que, dans *Les Mots*, Sartre nomme les « valeurs inculquées ». L'Algérie me paraissait constitutive de la France, sa conquête légitime et Bugeaud admirable ! Et puis, dans *Noces*, Camus me donnait à croire que la lumière

1. France 3.

qui baigne les ruines romaines de Tipazza m'appartenait depuis toujours comme patrimoine méditerranéen, comme héritage latin légitime. Par conséquent, j'ai été long à comprendre que nous étions instrumentalisés par les politiques dans une guerre foncièrement coloniale et que j'étais finalement appelé à une restitution déchirante. Donc, pas de quoi être fier mais de quoi se taire. Voilà.

En rentrant, j'ai accepté de participer à l'encadrement d'un camp d'été pour enfants de harkis. L'association organisatrice avait du mal à recruter des moniteurs, certains craignant des représailles du FLN malgré la signature des accords d'Évian. Peut-être ai-je trouvé dans cet engagement l'occasion de réparer un peu les conséquences de mon aveuglement politique de classe... En tout cas, c'est à la suite de cette expérience auprès d'enfants algériens, parias dans leur pays d'origine, que je suis devenu éducateur spécialisé.

Vers la fin des années quarante, le moniteur de la colonie de vacances bretonne où j'étais expatrié pour deux mois (!) posait le panier du goûter sur la plage, à cent mètres de notre équipe de gamins affamés. Au coup de sifflet du mono pervers, tous se ruaient sur les tartines de confiture jouant des coudes et des poings dans une mêlée qui préfigurait la violence consumériste de notre époque, son individualisme, son matérialisme exacerbés.

Ce 10 janvier, à neuf heures, j'associe avec cette *scène primitive* (?) : lentement, le rideau de fer d'une grande enseigne se lève comme une aurore sur les soldes. Des corps frénétiques se glissent dessous, se tortillent, ondulent, luttent et se précipitent sauvagement qui vers l'électroménager, qui vers le textile, qui vers l'électronique : « Je l'ai ! » Gêné, je suis, devant mon téléviseur, voyeur d'une jouissance de possession, d'un érotisme de l'avoir : je consomme donc je suis.

Le reportage suivant montre des gamines de 10-13 ans à la dévotion d'une chaîne de magasins créée pour elles sur les conseils d'un psychologue en marketing. Elles se ruent sur la *lingerie en kit* : naguère si sage, Petit Bateau chavire aujourd'hui et voguent les poupées Barbie follettes de dix ans en « petit top avec paillettes, très sexy et qui découvre le nombril[1] ». Lolita court les soldes sexy avec son doudou sous le bras tandis que, par ailleurs, on prétend lutter contre la pédophilie... On retrouve parfois Lolita abusée sexuellement, au foyer de l'enfance où les éducatrices font le tri dans un trousseau minable et surréaliste constitué de strings et de petit hauts sexy...

Halloween, Noël, Saintes Soldes, galette des rois, Pâques aux œufs d'or, fête des mères, fêtes des pères. Encore un coup de collier et ce sera la fête des chiens.

Passe encore de faire consommer les vivants, on peut aussi mettre les morts au travail. : « Mourez — dit la publicité d'une entreprise américaine de pompes funèbres — mourez, nous ferons le reste ! »

PS : J'oublie de préciser qu'en deux mois d'exil je n'ai jamais eu de goûter.

Grégoire, que nous avons accueilli à cinq mois, fête ce soir son anniversaire. La flamme des huit bougies tremble à son haleine fragile, souvenir et métaphore de son premier souffle et de sa dépression précoce. La couronne de feu finit par s'éteindre, et, monte des bougies cette odeur des fins de messe qui, enfants, nous délivrait de la contention des offices interminables. Tony (19 ans) dit « Toto » et qui rentre de l'IME, chante « Joyeux anniversaire Grégoire » avec une voix de conscrit bien éloignée des fraîcheurs vocales de sa petite enfance. Mais il chante de tout son cœur. Chacun apporte son cadeau à Grégoire. Le nôtre est un bateau radiocommandé.

Nous partons tous pour la mare de la commune mettre à l'eau le bateau de Grégoire, qui file jusqu'à la petite île émergeant au centre de la mare, refuge des canards et inaccessible. Fatalement, l'hélice du bateau se prend dans les herbes et résiste à toutes les manœuvres télécommandées de dégagement. La désolation marque tous les visages et Grégoire commence à pleurer. Faut-il se résigner à la perte du bateau et accepter cette infortune de

1. *Cf. Le Monde* du 6 janvier, p. 22.

mare ? Mais Tony est entré tout habillé dans l'eau qui lui monte aux chevilles, aux genoux, aux cuisses, à la taille ! Dans les rires et les cris d'effroi, il continue sa progression vers l'île, dégage le bateau et remonte sur la berge, fier comme Neptune sortant des profondeurs. C'est Toto le héros.

Dans son édition du 31 janvier, *Ouest-France* titre en page 2 : « Le centre éducatif renforcé met les délinquants au travail. » Responsable du centre éducatif de Porspoder, dans le Morbihan, Serge Guermeur, éducateur à la PJJ[1], explique : « Nous faisons tout avec les gamins. Travail, repas, nous ne les laissons jamais seuls. Si le soir ils ont mal aux bras ils ne doivent pas se plaindre ; pour nous aussi ça tire. On leur dit "oui" ou "non" mais on leur explique pourquoi. C'est de l'éducation. » Ces bonnes et saines paroles nous rappellent opportunément la valeur éducative du vivre et du faire « avec » dans la permanence et la continuité de la relation éducative. Valeur qui vient des premiers temps de la rééducation quand les éducateurs partageaient effectivement la vie avec les enfants. Mais, comment nos collègues de la PJJ se débrouillent-ils avec la réduction du temps de travail et les contraintes de l'amplitude horaire ?

Dans le même papier, Claude Bezelin, secrétaire général du syndicat des personnels de la PJJ, affirme, comme en désaveux de ses collègues : « Le mineur vit ce placement comme une sanction [...] on pourrait le suivre tout en le laissant dans son univers près de sa famille. » J'ai le sentiment d'avoir ici lu tout et son contraire car j'estime nécessaire, crucial même, qu'un adolescent, *a fortiori* délinquant, entende le rappel à la loi et subisse une sanction fût-ce à travers le placement lui-même, ce qui n'en dénature pas forcément le projet. D'autre part, une fois de plus, le projet éducatif passe par le prisme syndical déformant et réducteur où se confondent la relation éducative et la défense d'une catégorie de salariés. Enfin, le mythe du maintien ou du retour dans la famille a la vie dure. L'idéologie du lien, si bien

1. Protection judiciaire de la jeunesse.

décrite par Maurice Berger, postule que le lien aurait une valeur en soi et crédite la famille de valeur intrinsèque. On oublie qu'en France, les retours en famille concernent entre zéro et 35 %[1] des placements sans qu'on sache combien de retours s'effectuent dans de bonnes conditions et sont durables. Certes, ces retours seraient bien plus nombreux si les parents des enfants placés étaient eux-mêmes pris en charge et soignés, ce qui est très rarement le cas[2]. Myriam David résume bien l'indication des séparations à but thérapeutiques[3] en rappelant encore qu'il faut parfois se séparer pour ne pas se perdre...

FÉVRIER

Oh ! ce n'est pas une affaire bien grave, toute juste une petite tranche de vie un peu amère, un presque rien qui, peut-être, dit tout.

À l'occasion du Noël de l'institution, Colette a reçu en tremblant de bonheur une poupée censée marcher, parler et faire pipi. « Cosette considérait la poupée merveilleuse avec une sorte de terreur. Son visage était inondé de larmes, mais ses yeux commençaient à s'emplir, comme le ciel au crépuscule du matin, des rayonnements étranges de la joie[4]. »

Mais, elle n'a jamais apporté sa poupée dans sa famille d'accueil, la consigne des éducateurs étant de la garder dans le groupe d'internat pour jouer en semaine. Exigence éducative qui peut s'entendre n'était le vif désir de Colette de montrer quand même sa poupée à la maison, avec promesse, juré craché, de la rapporter lundi matin. Finalement, l'interdit étant levé, Colette descend du car un vendredi soir, sa poupée dans les bras. Pourtant, à la maison, ce bonheur enfantin à la fois sauvage et tendre comme la plupart des bonheurs d'enfance, se couvre d'un nuage de tristesse. Colette a posé sa poupée dans un coin et paraît malheureuse

1. M. Berger, revue *Devenir*, sept. 2001.
2. Cartry J. *in* Bléandonu G. *et al.*, *Le Soutien thérapeutique aux parents*, Paris, Dunod, 2001.
3. *Cf.* aussi Berger M., *op. cit.*, 1992.
4. Hugo V., *Les Misérables*, livre III, chap. XI.

comme une mère d'enfant handicapé car la poupée est muette et tétraplégique. « J'ai pas de piles ! » murmure Colette. Elles sont peut-être déjà usées ? « Non, y'avait pas de piles avec... » Et la petite fille tient sa poupée dans ses bras, inerte comme un enfant mort.

Il a suffi d'un saut à la boutique du bourg pour acheter les piles adéquates et ranimer la poupée.

Et je me suis dit que, si le soir de Noël les éducateurs avaient offert une poupée à leur propre petite fille, ils auraient assurément pensé aux piles !

MARS

La montée des incivilités, des violences urbaines et scolaires exacerbe l'inquiétude, voire l'angoisse de l'opinion publique qui, à l'approche des grandes consultations électorales (présidentielle et législative) attend les candidats sur le terrain de la sécurité. Populistes et démagogues agitent la vieille crécelle de la démission parentale, de l'effondrement de l'autorité, de la perte des valeurs « traditionnelles ». Bien entendu, le père constitue en quelque sorte le « patient désigné »[1] de cette crise, ou mutation, culturelle, sociale, institutionnelle profonde qu'il est un peu simple de faire remonter à Mai 1968. La famille semble être l'épicentre d'un tremblement de culture dont les répliques ne cessent de lézarder notre société. Le père ? Mais que font les pères, se demande-t-on sur l'air de « mais-que-fait-la-police ? » ?

Alors, l'État qui, en quelques décennies, a de loi en loi détruit la citadelle paternelle et tué le père de droit divin, l'État donc, conscient d'avoir été peut-être un peu trop loin dans le déboulonnage de la statue du commandeur, met sous perfusion le cadavre du père qui bouge encore. La ministre déléguée à la Famille et à l'Enfance délivre au père un livret de paternité homologue du carnet de maternité, comme si le père était en quelque sorte le *sans-papiers* de la famille...

1. Désigne en analyse systémique le sujet « malade » derrière lequel se dissimule la pathologie du groupe familial.

Il était temps ! car les chercheurs travaillent au remplacement biologique du père géniteur et, les juristes à l'effacement du patronyme. On retourne par conséquent au *pater semper incertus* de la romanité sans pour autant lui garder son pouvoir symbolique de nomination. Peut-être qu'un badge collé au front du père permettrait aux enfants d'identifier et de reconnaître qui est cet inconnu dans la maison...

AVRIL

Mardi 3, la chaîne Arte ouvrait l'émission *Théma* par un très beau documentaire consacré à Jean-Jacques Rousseau et intitulé : *L'Homme qui croyait en l'homme.* Belle formule pour n'importe quel éducateur de notre temps en mal de références, en quête de valeurs, en crise d'identité. Sitôt l'écran éteint, chercher le livre dans les rayons de la bibliothèque, retourner avidement au texte, passer la nuit tout entière à relire, avec une jubilation de première fois, le livre premier des *Confessions...*

Jean Starobinski et Tzvetan Todorov avaient raison d'insister sur un épisode très significatif de l'enfance de Rousseau « en remontant aux premières traces de mon être sensible ».

En effet, Jean-Jacques est seul dans une pièce que chauffe un feu de bois. Sur la cheminée, les peignes de Madame Lambercier ont fini de sécher. Cette dernière s'avise que l'un des peignes est cassé. On accuse aussitôt l'enfant. Il repousse cette accusation avec véhémence :

> « On ne put m'arracher l'aveu qu'on exigeait. Repris à plusieurs fois et mis dans l'état le plus affreux, je fus inébranlable. J'aurais souffert la mort et j'y étais résolu. [...] Il y a maintenant près de cinquante ans de cette aventure. [...] Et bien, je déclare à la face du ciel que j'en étais innocent... »

Un matin d'hiver, pendant les années noires de l'Occupation de Paris, peut-être en 1943, j'avisai par terre, sur le chemin de l'école, une petite boîte de peinture à l'huile hermétiquement fermée d'un couvercle jaune. Je la ramassai et fis mon entrée en classe la tenant cachée sous ma pèlerine d'écolier transi. Regardant fixement le maître, et, les mains cachées sous mon pupitre, j'ouvris maladroitement la boîte, au jugé, avec un canif. Je sentis une substance visqueuse se répandre sur mes doigts et constatai avec épouvante que la peinture se répandait sur mes cahiers et mes livres ! J'essuyai mes doigts jaunes à ma blouse noire lorsque le maître me convoqua au tableau. Renvoyé de l'école, je fus accusé d'avoir volé cette boîte de peinture par le tribunal de mes parents indignés qu'en cette période où l'on manquait de tout j'affirmasse avoir trouvé quelque chose d'aussi rare et précieux qu'un petit pot de peinture à l'huile ! Les punitions qui suivirent ma comparution ne pèsent d'aucun poids dans ma mémoire. Mais, demeurent en moi, vivaces après cinquante ans, l'amertume de ne pas avoir été cru, une révolte qui n'a rien perdu de sa véhémence.

Certain se reconnaîtront probablement dans cette expérience d'injustice, le plus grave étant que notre parole d'enfant n'ait pas été entendue comme vérité.

Deux cents ans avant Freud, la modernité du récit de Rousseau donne à comprendre la théorie du traumatisme :

> « Je n'avais pas encore assez de raison pour sentir combien les apparences me condamnaient, et pour me mettre à la place des autres. Je me tenais à la mienne, et tout ce que je sentais, c'était la rigueur d'un châtiment effroyable pour un crime que je n'avais pas commis. »

Pour croire en l'adulte et faire l'expérience cruciale de la confiance, l'enfant, d'abord, doit être cru.

MAI

La contribution de Tony (vingt ans) à la validation du concept freudien de *déplacement*[1] vaut bien quelques notes dans ce journal.

Tony subit encore, aux plans cognitif et relationnel, quoique bien atténuées, les conséquences d'un long épisode de grave

1. « [...] l'intensité d'une représentation est susceptible de se détacher d'elle pour passer à d'autres représentations originellement peu intenses, reliées à la première par une chaîne associative », J. Laplanche et J.-B. Pontalis, *Vocabulaire de la psychanalyse,* Paris, PUF, 1981.

carence en relation avec une hospitalisation précoce et un abandon maternel. Malgré des progrès considérables, il reste *poreux* aux émotions qu'il reçoit et les filtre mentalement avec difficulté, ce qui évoque un déficit du moi-peau conceptualisé par Didier Anzieu. Par conséquent, ces émotions, il est capable, parfois, de les agir avec une certaine violence.

Hier soir, pendant le repas, interpellé sur le fait qu'il ronge ses ongles, il saisit soudain son assiette et la fracasse sur la table en mosaïque. Un éclat blesse au visage Grégoire, huit ans, qui saigne et hurle. Tous les commensaux se lèvent, certains crient, une fille sanglote. Nous contenons fermement Tony qui finit par se calmer. « Ce que tu viens de faire est grave, inadmissible, demain, nous en parlerons avec les collègues de l'IME et tu verras certainement Madame L (chef de service) et Brigitte (la psychologue). » En effet, nous savons que Tony peut élaborer cet épisode violent. Il demande immédiatement pardon à Grégoire comme s'il mettait sur sa blessure un pansement de mots.

Lundi matin, au moment de partir pour l'IME, il évite notre regard et rase les murs. Au téléphone, nous informons nos collègues de cet incident afin de coordonner nos attitudes. En tout cas, Tony, capable d'une certaine névrotisation, est culpabilisé.

En fin de journée, il rentre de l'IME, passe devant nous qui travaillons au jardin, et ne dit mot. Je l'interpelle : « Bonsoir Toto, as-tu vu Madame L. et Brigitte ?

— Oui

— Alors ?

— Alors, elles vont très bien ! »

À l'automne de ma vie, je viens payer une dette de printemps.

Trenet est mort.

Ses tics de music-hall et ses roulements d'yeux m'ont toujours fortement indisposé. Mais, il y a *La Mer*. Et, on ne tire pas sur un poète. Un poète dont l'œuvre, comme toute œuvre au fond, est plus importante que son créateur. Je me demande ce qu'il *reste de nos amours* et, la réponse est contenue dans ce cahier que *Le Monde* du 20 février consacre à Trenet. Avec cinquante ans de retard, je découvre que la chanson fétiche de notre jeunesse est de lui :

« Ah ! qu'il fait bon d'avoir notre âge
Ah ! qu'il fait bon d'avoir vingt ans
Et de marcher le cœur content
Vers le clocher de son village
Qu'elle est jolie notre rivière
Qu'elle est jolie notre maison
Qu'elle est jolie la France entière
Qu'elle est jolie en toute saison.
Ah ! qu'ils sont beaux tous nos dimanches
Ah ! qu'ils sont beaux les jours en fleurs
De la jeunesse qui se penche
Sur notre terre avec ardeur !
Montagnes bleues l'été
Hiver montagnes blanches
Printemps du mois d'avril
Automne aux chants berceurs... »

Les esprits chagrins de l'époque estimaient qu'il s'agissait d'une chanson de propagande vichyste et nationaliste. Je crois qu'ils se trompaient. C'était la chanson de notre idéal juvénile, naïf, qui, poussant sur les ruines de la guerre, fleurissait notre enfance meurtrie en retour d'exode. Oui, nous chantions. Nous chantions sur les routes et les chemins de cette France d'après guerre, marchant :

« Une fleur au chapeau
À la bouche une chanson
Un cœur joyeux et sincère
Car c'est tout ce qu'il faut
À nous filles et garçons
Pour aller au bout de la terre ![1] »

Nous marchions, tenus par la main de cette « petite fille espérance » dont parle Péguy. Et, un certain nombre de ceux qui marchaient sont devenus... les premiers éducateurs spécialisés.

1. Chanson de Francine Cokenpot, auteur par ailleurs de *Colchiques dans les prés...*

Depuis quelques années, des articles de presse, des livres, des colloques innombrables sont consacrés à la place et à la fonction du père. L'État lui-même, au nom du maintien de l'ordre public, se préoccupe aujourd'hui de revaloriser l'autorité paternelle en inscrivant dans un projet de loi celui dont, depuis quelques décennies, des lois successives, contribuent, pour le meilleur et le pire, à déboulonner le statut et... la statue ! Louis XVI est mort en 1793 et le commandeur en Mai 1968... Requiem pour le père, ce passage admirable du dernier ouvrage de Denis Vasse ? :

> « Qu'il soit dans l'abandon du petit ou dans la responsabilité du grand, l'homme a besoin de rencontrer un témoin du combat qui a lieu en lui entre le mensonge et la vérité, entre la pulsion et le désir, entre la mort et la vie. S'il n'entre pas dans la vie à la lumière de ce discernement dont, classiquement, le père témoigne en édictant la loi, le petit d'homme ne sera jamais délivré de ses fantasmes. Au contraire, il y sera livré. On peut dire que le faux témoin est celui qui, en position de père ou de frère, livre l'enfant à cette confusion en ne lui donnant pas les moyens du discernement. Il ne s'agit pas d'éviter à nos enfants la difficulté de vivre, il s'agit de leur donner les moyens de vivre selon la promesse dont leur propre vie est le signe[1]. »

En 1973, paraissait un petit livre inconnu aujourd'hui de la plupart des éducateurs : *Loczy ou le Maternage insolite* que signaient Myriam David et Geneviève Appell. Ce livre a été réédité en 1996.[2]

Il y est question de la prise en charge, dans une pouponnière expérimentale de Budapest, de bébés en détresse. Cette pouponnière a été créée et dirigée par la pédiatre Emmi Pikler. Or Arte vient de diffuser un film magnifique de Bernard Martino : *Loczy, un lieu pour grandir* tourné au moment où cette institution est en péril. Il est impossible de résumer en quelques lignes l'expérience de Loczy, mais on peut en rappeler les principes fondateurs : le bébé est une personne et, les soins stéréotypés d'une crèche

---

1. Vasse D., *La Vie et les Vivants*, Paris, Le Seuil, 2001, p. 34.
2. David M., Appell G., *Loczy ou le Maternage insolite*, Paris, Scarabée, 1996.

ignorante sont capables de l'engager dans un processus mortifère, ce « syndrome morbide de carence relationnelle » décrit par Lemay.[1] Nous sommes à la source des troubles de l'attachement et de leurs conséquences cognitives, somatiques, motrices et relationnelles. Par conséquent, il faut prévenir les carences précoces et parler à ce bébé, le toucher, le porter. Il faut le contenir dans son corps, dans le temps, dans l'espace, dans la relation à un soignant unique, stable, régulier. Cette vérité clinique, cet absolu, tout éducateur devrait l'intérioriser dans le temps de sa formation. En effet, la plupart des enfants et des adolescents qui nous sont confiés ont plus ou moins souffert d'une pathologie précoce du lien.

JUIN

Dans le placement familial permanent, l'attente d'être aimé par l'enfant qu'on accueille peut donner lieu à des malentendus et à des désillusions. S'il est impératif d'inscrire l'enfant dans une loi contenante, cette loi ne saurait comporter l'obligation d'aimer. Une fois de plus, comme fréquemment en clinique, un enfant valide cette hypothèse de travail.

Joseph, douze ans, est placé dans une MECS[2]. Il a toujours vécu en ville et ne connaît des vaches que les steaks hachés rectangulaires et les briques de lait parallélépipédiques. En prévision des vacances d'été, il demande à la directrice de pouvoir vivre quelques semaines dans une famille d'accueil rurale, au plus près des gens, des animaux et des activités de la ferme. Ce projet est tout près de se réaliser lorsque Joseph, inquiet, interroge la directrice : « Dis, tu la payes l'assistante maternelle de la ferme ?

— Quelle question ! Pourquoi demandes-tu ça ?

— Si ! Dis-moi que tu la payes !

— Mais bien sûr que je la paye !

— Ah bon ! Comme ça je ne suis pas forcé de l'aimer... »

1. *J'ai mal à ma mère*, Paris, Fleurus, 1979.
2. Maison d'enfant à caractère social.

Zora, qui avait bien du courage, est morte ce matin à l'écurie dans le grand âge de trente-cinq ans. Venue du New-Forest, cette ponette partageait notre vie depuis plus de vingt ans. Elle a donné du bonheur à toute une génération d'enfants, les nôtres, surtout les filles, et la plupart des enfants que nous avons accueillis en famille thérapeutique. Très jeunes, tous ont appris à monter, à soigner, à respecter les poneys et les chevaux au centre équestre voisin. À la maison, ils montaient Zora dans la petite carrière que j'avais aménagée. Souvent, les plus expérimentés partaient en promenade, responsables des petits montant des Shetland. Bonne humeur des matins d'été, ombre des carrières sableuses qui conduisent à la mer. Galops fous sur la plage, trots bien tempérés, pas calme et contemplatif sur la plage au plus loin du jusant...

Parfois, victimes de leur maladresse ou de la malice des poneys, les enfants rentraient... à pied, précédés depuis longtemps par leurs montures ! En tout cas, ils donnaient à boire à leurs bêtes, les pansaient avant de les lâcher au pré. L'hiver, ils paillaient les écuries et rentraient les poneys qu'ils contemplaient longuement dans une familière et rassurante odeur de paille fraîche, de crottin et de cuirs. Odeurs de leur enfance enfuie au pas du temps et qui revient au grand galop du chagrin. Oui, Zora est morte. Attelée, elle égayait la route avec l'ostinato de son trot métronomique et croisait parfois de gros camions sans bouger les oreilles. Zora est morte. Nous rendons la main à nos souvenirs bridés par le temps. Ils nous emportent vers de lointains terrains de concours : barres d'obstacles colorées, oxers redoutés, doubles devant lesquels il fallait compter ses foulées avant de s'enlever avec le poney pour un saut improbable. Zora est morte, les jeunes cavaliers s'approchent de l'obstacle, suspendus sur leurs étriers, les mains sur l'encolure et, la ponette s'envole pour toujours vers le ciel de leur enfance.

SEPTEMBRE

La fin des vacances d'été tourne à l'orage. Dans les familles le climat est électrique et les parents appellent la rentrée comme les rogations appellent la pluie. De nombreux grands-parents médiatisent les conflits qui chauffent en accueillant leurs petits-enfants pour quelques jours. Par conséquent, grand-père mobilisé par cette menace, je ramène chez nous Quentin, cinq ans. Nous roulons sagement vers la maison. Tout est calme alentour sous les pommiers lourds de fruits. Dûment sanglé sur la banquette arrière de la voiture, Quentin m'interpelle soudain : « Je vais te poser une question et même que tu sauras pas !

— Pose toujours...

— Tu sais c'est quoi les veines ?

— Oui, ce sont de petits tuyaux qui...

— Bon, ça tu sais un peu, mais tu sais c'est quoi l'athérosclérose ? »

Le choc est violent, la question de Quentin, qui n'a que cinq ans, me perturbe. Par précaution, je me gare sur une aire de sécurité. Ravi de ma stupéfaction, Quentin est hilare. Mon autorité est en danger. J'évoque l'épaississement des artères et le risque d'infarctus. Un peu déçu de ne pas m'avoir collé, Quentin m'affirme que son cédérom sur le corps humain ne dit pas tout à fait comme moi. Il m'énerve et ma pression artérielle augmente. Vivement la rentrée !

Nous reprenons la route. Quentin, manifestement décidé à m'envoyer le missile de la métaphore qui tue, se moque de ma voiture et affirme que celle de son père est plus grosse que la mienne. Mais, le rétroviseur central m'informe que Quentin a débouclé sa ceinture de sécurité. Je stoppe en douceur et sangle mon petit-fils comme un cosmonaute. Il hurle : « Mon papa, il met pas la ceinture comme ça et même que...

— Fiche-moi la paix, on met sa ceinture, c'est la loi, un point c'est tout !

En difficulté, mais virtuose de l'ordinateur familial, Quentin veut le dernier mot :

— On ne dit pas un point c'est tout, on dit .com ! »

L'effondrement des *Twin Towers* de New York le 11 septembre c'est aussi l'effondrement définitif de toutes nos illusions, le désenchantement radical. Ce drame démesuré tétanise pour un temps notre capacité à penser. Nos facultés de représentations subissent son effet de souffle. Depuis la Seconde Guerre mondiale, dans laquelle notre enfance a grandi, nous n'avions pas connu pareille sidération de la pensée. Il est vrai que notre enfance nous protégeait des questions sur le mal et que notre angoisse, filtrée par les adultes, était diffuse et embrumée.

Orgueil des tours ? arrogance de l'Occident ? retour sur Hiroshima ? châtiment ? lire cet événement effroyable à travers un prisme de culpabilité conduirait en quelque sorte à justifier les agresseurs en incriminant des victimes émissaires. On a payé pour les autres, pour tous. La cité est sauvée : retour à la case départ de l'humanité. Allez, ne péchez plus ! Non, c'est trop simple, tout ceci échappe à l'économie biblique du bien et du mal et ouvre l'abîme vertigineux du non-sens, du « pourquoi ? » sans réponse. Violence fondamentale en rapport avec l'instinct de conservation, selon Bergeret[1] ? Fondamentale peut-être, mais pas fondatrice. Violence pure, pureté inversée de l'impur. La violence a dit Hegel, est accoucheuse d'Histoire. Soit, mais le bébé est un monstre. Monstres également les kamikazes. Finalement, contrairement à Pascal, je ne crois pas les témoins qui se font égorger.

Dans un entretien radiophonique qui date de quelques années, Paul Ricœur disait que l'éthique est optative mais que la morale, elle, est prescriptive. En effet, l'éthique ne nous engage pas au-delà des professions de foi et suscite surtout des moratoires. Par contre, la morale impose de regarder en face le visage d'autrui tel que l'éclaire Lévinas :

> « [...] le visage, derrière la contenance qu'il se donne, est comme l'exposition d'un être à sa mort, le sans défense, la nudité et la misère d'autrui. Il est aussi le commandement de prendre en charge autrui, de ne pas le laisser seul ; vous entendez la parole de Dieu[2]. »

Septembre noir, catastrophes, attentats, sida, guerres...

---

1. Bergeret J., *La Violence fondamentale*, Paris, Dunod, 1984.
2. Poirié F., Lévinas E., *Emmanuel Levinas, Essai et entretiens*, Arles, Actes Sud, coll. « Babel » n° 213, 1996, p. 107.

Septembre quand même, septembre au jardin ! Sans oublier le monde, s'immerger dans l'automne au jardin. L'aurore pour commencer. De l'Orient tragique naît quand même un soleil de miel. L'équinoxe de septembre pousse dans la baie de Sienne une grande marée bleue. Septembre adoucit les brûlures de l'été. Convalescentes, les roses virent en pastels tendres. Asters au puissant cobalt, taches solaires sur les rudbeckias. Sous les tilleuls, la modestie en mauve des cyclamens sauvages. L'herbe est trempée de nuit. Les marrons fauves font éclater leurs bogues épineux. Ces marrons cirés auxquels les enfants implantent des membres d'allumettes pour confectionner des bonshommes ventrus semblables au Père Ubu. Les enfants du mercredi... Un mercredi de septembre pour les mûres. Ils sont partis avec Janine dans cette maternelle tiédeur d'après-midi. Des seaux, une échelle pour grappiller en hauteur et des bottes contre les ronces. Enfin, sur le tard de la journée, cette odeur de confitures dans la maison, ces doigts aventurés par la gourmandise dans la lave sucrée. Le parfum monte aux étages, se glisse sous les portes, emplit les chambres assoupies...

La maison domine la baie et la « tangue », pré salé où paissent les moutons. Ce vendredi soir de septembre est paisible. Le couchant dore la rive gauche de l'estuaire. Ni leçons, ni devoirs ; on traîne un peu ; la tiédeur attarde les enfants sur la terrasse.

Une fourgonnette s'arrête devant chez nous, en bordure de route. Deux hommes âgés en descendent une cage et lâchent des faisans qui s'envolent lourdement et s'abattent dans un champ de maïs. Fascinés, émus, les enfants se réjouissent de cette « libération ».

Le lendemain, à l'aube, des coups de feu réveillent la maisonnée. Les « libérateurs » sont de retour et tirent sur tout ce qui bouge. Leurs chiens font lever les faisans ; les coups partent ; ils tombent sur la tangue au milieu des moutons affolés. Spontanément, j'associe cette scène au souvenir des *Chasses du comte*

Zaroff[1]. Le seigneur du château jouit de libérer ses prisonniers avant de les prendre en chasse...

Cette liberté d'un beau soir d'automne contenait une promesse à laquelle les faisans, et les enfants, ont cru. Il est très difficile de faire comprendre aux enfants que des hommes puissent jouir de leur toute-puissance, de la souffrance et de la mort qu'ils infligent. Ce dont il est le plus difficile de parler avec les enfants, ce n'est pas la mort, c'est la perversion.

NOVEMBRE

Noël n'est pas loin. La publicité inonde nos écrans, nos boîtes à lettres, nos journaux. Les enfants commencent une attente fiévreuse. Pourtant, faute de jouets, un enfant s'en confectionne de rien : marabout et bout de ficelle. Entre jeu et réalité, il fait communiquer son intérieur avec l'extérieur. Violence, mort, angoisse, sexualité, rivalité, haine, jalousie, tendresse, amour ; tout est vie parce que, selon Winnicott, jouer c'est vivre. Permettre aux enfants de jouer en créant, c'est leur faire confiance, croire en eux. Ne pas gaver les enfants de gadgets sans avenir. Ne pas leur fournir des jouets comme, au fond, on fournit des armes payées sur des fantasmes de possession et de puissance. Un enfant est capable de passer des journées entières dans les arbres. Il transforme des marrons en bonshommes ventripotents ; fait des obsèques royales à un moineau mort ; met ses peluches en scène ; fabrique un ascenseur d'une boîte d'allumettes pendue à du fil à pêche ; cuisine de délicieux cailloux. Moralité : ne pas fondre notre inquiétude dans l'activisme éducatif ; savoir ficher la paix aux enfants pour qu'ils jouent est un savoir profond.

C'est le parfum des soupes du soir que je garde après toutes ces années vécues avec les enfants. Lorsque la nuit précoce et la pluie pénétrante nous replient dans la maison, ce parfum légumier possède les vertus d'un accueil maternel. On ne dit jamais : « Je

1. Film d'Ernest B. Shcoedsack, 1932.

vais faire une soupe » mais toujours : « Je vais faire une *bonne* soupe » car une soupe est ontologiquement bonne et synonyme de bonté. Bien entendu, il ne s'agit pas de ces potages aristocratiques consommés dans la porcelaine et l'argenterie, encore moins de ces tromperies de soupes industrielles et lyophilisées. Je parle de rustique soupe à l'humeur vespérale et saisonnière. Cette soupe-là prend sa liberté en effluves qui montent dans la maison et l'habitent comme un génie bienveillant. J'aime le moment, en quelque sorte liturgique, où la soupière est posée sur la table au centre d'un cercle d'enfants. J'aime le choc maladroit des cuillères sur la faïence, les aspirations qui rappellent la tétée. Cette bonne soupe, dans la plénitude de ses effets et de son sens, condense mes certitudes primordiales d'éducateur spécialisé.

Grégroire, huit ans, est rentré ce soir du foot, heureux et malheureux. Heureux d'avoir gagné par onze buts à trois. Les Zidane de huit ans ont des bonheurs sportifs qui transcendent la nullité de l'adversaire. Malheureux, parce qu'un « tir » guerrier a cassé ses lunettes. Mais le fond du malheur tient au fait qu'un certain Jérémie l'a traité de « pédé à lunettes ».

À l'âge de Grégoire, j'étais binoclard depuis au moins cinq ans. Dans la cour de récré, j'étais souvent traité de « bigloucheux ». Mais plus grave était l'injure qui suivait : « Serpent à lunettes ! ». Tout compte fait, je préfère peut-être « serpent » à « pédé ». En effet, le serpent du mythe est ce tentateur cause des maux de notre humaine condition. Il éveille la question du bien et du mal, les illusions et les grandeurs de la connaissance. À l'époque, ignorant la grandeur génésiaque du serpent, je répondais à l'injure par des coups de galoches. (En cet immédiat après guerre nos chaussures avaient des semelles de bois...). Mais, « pédé » est signe que l'on n'est plus dans le mythe mais dans l'homophobie innocente et crue. Les enfants d'aujourd'hui s'envoient parfois des mots grenades. Ils ont un lance-flammes dans la bouche.

5

2002

JANVIER

L'année littéraire sera consacrée au deuxième centenaire de la naissance de Victor Hugo. L'année politique aussi devrait lui être dédiée. En effet, poète, dramaturge, journaliste, romancier, diariste, dessinateur, Victor Hugo cumulait tous ces personnages dans ses engagements politiques. Monarchiste, mais fasciné par le premier consul ; légitimiste et/ou républicain ; révolté contre le coup d'État du 2 décembre ; proscrit ; exilé, abolitionniste de l'esclavage et de la peine de mort ; « écho sonore » de son temps », écho des pauvres, barde des libertés, Hugo l'a été généreusement et génialement.

Aujourd'hui, les éducateurs, les travailleurs sociaux et tous ceux qui combattent la pieuvre du libéralisme sauvage sont en quelque sorte, et à leur façon, des « travailleurs de la mer ». Rêvons éveillés : c'est un éducateur qui, la nuit, dans la forêt de Montfermeil, soulage Cosette de son lourd seau d'eau ; c'est un référent de l'Aide sociale à l'enfance qui rédige un rapport accablant sur la famille d'accueil des Thénardier ; c'est encore un collègue qui ouvre une entreprise intermédiaire à Montreuil-sur-Mer. Un juge place Fantine sous tutelle. Elle perçoit l'allocation de parent isolé. Les éducateurs de prévention emmènent Gavroche à la montagne et, pour finir, Javert est révoqué pour harcèlement policier...

Et puis, chez Hugo, le lyrisme de l'enfance : Cosette joue, sous la table, avec un petit sabre de plomb emmailloté comme une poupée. Elle joue malgré sa fatigue, malgré les coups. Entre rêve et réalité, elle crée sous la table une sorte d'espace transitionnel précaire et merveilleux. Cent cinquante ans avant Winnicott, Hugo pressent que pour un enfant, jouer c'est vivre. Et Cosette, qui venait de recevoir une poupée fabuleuse d'un bienfaiteur inconnu, jouait avec : « Ce bonheur tellement rare qu'il avait toute la violence d'une volupté. »

Sur le tard de ma vie professionnelle, nos petits-enfants, comme, avant eux, leurs parents, continuent de m'enseigner l'enfance dans le livre vivant de la vie.

Quentin a six ans. Assis jambes en tailleur sur la moquette et mains sur les genoux, immobile, il regarde un film vidéo. Son attention extrême rappelle celle du scribe égyptien qui est au musée du Louvre, à Paris, et qu'on nous donnait pour modèle de concentration et de sagesse lorsque nous étions écoliers. Quentin est complètement identifié au petit garçon du film vidéo, qui a rangé ses jouets dans le placard et qui, le lendemain, entend, venant dudit placard, les bruits d'une agitation étrange. Le petit garçon du film ouvre craintivement les portes et constate avec un délicieux effroi que tous ses joujoux sont vivants ! L'ours en peluche file chercher du miel à la cuisine, le ouistiti en caoutchouc se balance au lustre de la chambre et le Pinocchio en bois s'invite à jouer comme un copain familier.

La nuit suivante, avant d'aller se coucher, fort tard comme à l'habitude, le papa de Quentin vient lui faire le bisou de la nuit. Stupéfaction, angoisse soudaine : Quentin n'est pas dans son lit ! Il est assis, dans le noir, devant le placard aux joujoux, tel le petit garçon du film, et il attend !

Trop belle pour ne pas être vraie, cette histoire cherche sa musique : *Children's Corner* de Debussy ? *Scènes d'enfants* de Schumann ? Ou plutôt la *Symphonie des jouets* de Haydn ? Allons, comme disait Winnicott : « Nous sommes bien pauvres si nous ne sommes pas un peu fous. »

Café matinal et *Ouest-France* du 30 : trois jeunes sont pris à voler des cosmétiques dans un supermarché. Paniqués, mais sans violences physiques, ils s'enfuient, raflant au passage un sac à main accroché sur un caddie. Comparution immédiate du jeune majeur. Il a dix-neuf ans. L'atmosphère de la salle d'audience est alourdie par les 7,5 % d'augmentation des délits publiés la veille par tous les médias. Le procureur requiert dix-huit mois de prison dont six mois fermes. Le prévenu n'est pas récidiviste, plaide l'avocat. Il a connu trois familles d'accueil et un placement en foyer éducatif. La société, dit le procureur, a fait suffisamment d'efforts pour ce garçon ; quoi faire de plus ? Il n'a qu'à s'en prendre à lui-même. Des actes comme celui-ci sont en train de pourrir la société !

Sanction constructive, travail d'intérêt général, réparation auprès de la victime du vol ? Manifestement, le procureur ne connaît pas le droit pénal. La société sera-t-elle moins pourrie dès lors qu'un jeune pourrira en prison ?

Néanmoins, ce magistrat a posé une question intéressante : que peut-on faire de plus ?

On peut, disait récemment Pierre Bourdieu lors d'un entretien avec Gunter Grass, on peut « ouvrir sa gueule[1] » !

Parti pour quelques jours de vacances, un couple d'éducateurs, constitué, comme nous, en « famille thérapeutique », nous a confié Jérémie, six ans.

1. Arte, le 26 janvier.

Jérémie a déjà séjourné chez nous ; il nous connaît. Son visage, son corps portent les stigmates de l'alcoolisme fœtal ; il paraît quatre ans...

Jérémie ne se pose jamais longtemps. Il court dans la maison, s'élance au premier étage, monte au second, descend, remonte et redescend dix fois en une demi-heure. Il est essoufflé, s'assied trente secondes, reprend sa course dans la maison, explore fébrilement les étages, revient, repart et s'écroule un moment, à bout de souffle. C'est un sentiment d'insécurité existentielle précoce, une angoisse primordiale que Jérémie essaie de contenir dans cette agitation épuisante. Il est intelligent, drôle parfois, fou par moments. Il demande un câlin, se niche dans nos bras pendant quelques secondes et reprend sa fuite en avant contre l'angoisse. Jérémie, qui a six ans, a déjà subi treize placements ! Il parle bien mais profère souvent des obscénités.

L'une de nos petites-filles, cinq ans, passe la journée à la maison. Déconcertée par l'agitation fébrile de Jérémie, elle tente malgré tout de jouer avec lui. Il s'énerve, se désorganise. Je redoute un cataclysme verbal. Il est prévenu : s'il profère trop de grossièretés, je me fâcherai très fort. Les yeux de Jérémie m'envoient des éclairs de colère. J'attends l'orage psychotique et me prépare à le contenir physiquement. Il reprend soudain sa course dans la maison, file aux toilettes, s'enferme avec fracas. À travers la porte close au verrou nous entendons des jets de lave verbale : « Merde — con — chier — putain — salope !!!!!!!... » Un long silence précède un bruit de chasse d'eau.

Jérémie sort calmement des toilettes et me dit : « Tu sais, j'ai fait un gros caca ! »

Génial Jérémie ! Dans une autre vie, aurait-t-il rencontré Maud Manonni et son « travail de la métaphore » pour nous offrir cette étonnante vignette clinique ?

Mars

Ainsi, un groupe activiste, disons le mot, terroriste, de viticulteurs en colère vient de faire sauter au semtex l'électronique de commande des passages à niveau et des aiguillages de la ligne de chemin de fer Narbonne-Béziers. Question du citoyen et de l'éducateur que je suis : pour justifiées qu'elles soient, les revendications corporatistes doivent-elles s'exprimer par le crime pour être entendues ?

Dans cette affaire, on ne peut incriminer les jeunes des banlieues dites difficiles.

Non, la violence grand cru chauffe au soleil de la France profonde, et, outre le bruit de l'explosion proprement dite, on n'a pas entendu les cris de l'opinion publique si prompte à s'indigner lorsque des jeunes sont présumés coupables...

Je reste ébaubi qu'on puisse, en État de droit, voir des adultes donner aux jeunes l'exemple de l'extrême violence sans hurler au crime. Cette violence vigneronne est issue d'une sorte de fermentation populiste qui l'excuserait dans l'opinion ? Mais, ce vin-là tiré, il faudra bien le boire...

Il en est des livres poussiéreux oubliés dans les bibliothèques comme des pierres tombales dont la mousse efface les noms. Heureusement, les enfants jouent encore à des jeux interdits. Ainsi mes petits-fils sur le sentier de la guerre qui, faisant écrouler plusieurs rayonnages de livres en sommeil dans mon bureau, opèrent une sorte de résurrection. Parmi les oubliés de ce cimetière bibliographique figure le beau livre de Marie-José Chombart de Lauwe : *Un monde autre : l'Enfance*. Ému, coupable d'amnésie, je me rappelle combien j'avais aimé cet ouvrage qui, à travers la littérature et le cinéma, recense nos représentations de l'enfance. « L'image de l'enfant a en effet une place privilégiée et ambiguë dans la psychologie de l'adulte : elle est à la fois image d'un « autre » et représentation idéalisée d'un ancien "moi" souvent perçu comme le meilleur et le plus heureux[1]. »

Assis parmi les livres écroulés dans la retombée pulvérulente des mots oubliés, je retrouve, en référence, tous les romans de l'enfance et de l'adolescence qui ont peut-être formé mon destin d'éducateur. Quentin, l'un des auteurs de cette exhumation littéraire innocente, n'a pas la permission de sortir car il est un peu

1. Paris, Payot, 1979.

fiévreux. Le nez collé à la vitre il observe des engins de terrassement dans notre cour d'entrée. Il me supplie. Je cède et, l'emmitouflant jusqu'aux yeux : « Tu restes dehors vingt minutes, pas plus ! »

Quentin sort en courant, se ravise : « Tu as dit vingt minutes, mais moi je ne sais pas ce que c'est que vingt minutes ! »

Un monde autre, l'enfance...

AVRIL

Ils sont peut-être nombreux mes collègues qui, ce soir à la télévision, ont découvert ou revu : *Les Quatre Cents coups* de Truffaut. De nombreuses scènes du film sont aujourd'hui très datées. Reste quand même, travelling d'anthologie, la course haletante du jeune Antoine Doinel vers la mer.

Je me suis demandé si les adolescents du « centre de rééducation » filmés par Truffaut marchant au sifflet de leur moniteur, n'étaient pas susceptibles de fortifier la détermination des politiques à enfermer les jeunes « difficiles ». D'ailleurs, dans son édition du 23 mars, *Le Monde* titrait de façon significative sur ce programme électoral et... paradoxal : « Ouvrir des maisons fermées ». En fait il s'agit plutôt, dans une logique répressive, de fermer des maisons ouvertes.

Qu'on ose les nommer prisons et tout sera dit. Certes, il est possible qu'un emprisonnement immédiat et bref arrête une violence emballée et rappelle la force de la loi par la loi de la force. Et suscite, dans une nécessaire solitude, un retour au calme, une réflexion après le cataclysme du passage à l'acte. Mais, ensuite, et le plus rapidement possible, il faut que les éducateurs et les jeunes puissent vivre ensemble dans des structures ouvertes adossées, certes, à la loi.

Sans oublier que les causes structurelles de la délinquance appellent une réponse politique : logements décents, scolarité adaptée, apprentissage, emplois...

La course haletante d'Antoine Doinel en fugue vers la mer nous rappelle que la liberté, au fond, ne s'apprend que dans la liberté.

Mon enfance et mon adolescence ont été baignées dans un antisémitisme et un racisme virulents. On me donnait à rire de grandes caricatures affichées sur les grands boulevards où figuraient des juifs au nez et aux doigts crochus ratissant des billets de banque. Ce rire d'un enfant innocent était suscité par un catholicisme dévoyé et infâme auquel je n'ai pas pardonné.

Cet empoisonnement éducatif quotidien, ce mauvais traitement à enfant, sont bien décrits dans l'ouvrage de Daniel Jonah Goldhagen : *Les Bourreaux ordinaires de Hitler*. Dans l'Allemagne national-socialiste, les enfants respiraient l'antisémitisme en famille aussi naturellement, aussi purement que l'air du jour. Je le crois, je le comprends, je le sais : j'ai respiré de grandes bouffées de cet air-là.

De certains procès tardifs que nous fait notre mémoire, nous ne sortons pas indemnes, nous en gardons, plaie intime, le regret de ne jamais avoir pu en parler en famille dans l'âge mûr.

Alors, quand certains recommencent à brûler des synagogues pour soi-disant défendre la cause palestinienne, quand ils taguent des menaces de mort sur la maison d'un couple juif, quand au cimetière de Carpentras ils se contentent de torturer, si j'ose dire, un cadavre exhumé, on se demande si l'Histoire que certains croient finie ne repasse pas les plats. Et l'on entend au fond de soi, comme un glas, le rire innocent et tragique du petit garçon intoxiqué qu'on fût.

Depuis, je hais les trains qui partent. Peut-être la déréliction des déportés m'a-t-elle communiqué la phobie de l'abandon, du départ et de la perte, et conduit près des enfants carencés précoces pour un travail de « réparation » symbolique ?

JUILLET

Faire la paix constitue la plus ardente obligation. Mais comment faire la paix lorsque les parties en guerre sont débordées à leurs marges par les fondamentalistes et les intégristes ?

Faire la paix...

En ces vacances d'été, les jeux guerriers des enfants me questionnent de façon métaphorique sur le devoir d'ingérence internationale dans les conflits. Ils sont tous au jardin, nos petits-enfants et ceux que nous accueillons à titre professionnel. Les furieux de la kalachnikov en carton se mitraillent au détour des allées et tombent raides morts, bras en croix sur la pelouse jonchée de cadavres pour rire. Inévitablement, car certains ne « jouent » plus, des petits, amochés, viennent en pleurant se plaindre des aînés à l'ONU familiale. Notre enquête sur le terrain ne donnant rien nous déclarons tout le monde coupable (comme dans les frères Karamazov[1]) avec injonction de se calmer un peu et menaces en cas de récidive.

Tout essoufflé par les combats, Grégoire (10 ans) a parfaitement compris et crie aux autres belligérants : « Hé ! les mecs, faut qu'on fasse la paix sinon on va encore se faire engueuler ! »

SEPTEMBRE

Jérôme et Tony ont le même âge. Depuis l'adoption de Tony il y a vingt ans, ils ont grandi ensemble comme des jumeaux. Aujourd'hui, Jérôme s'en va. Il quitte la famille pour préparer une maîtrise de biologie du développement dans une université hanséatique. Quant à Tony, après un long et fructueux parcours en IME, il va entrer en CAT[2]. Destins croisés du brio et du handicap intellectuels, lignes de vie tressées ensemble par vingt ans de quotidien partagé. Sur le départ, Jérôme prend Tony dans ses bras : « Au revoir mon frère ! » Il est certes émouvant de voir notre « petit dernier » partir pour les brumes et les fjords du Nord. Il est plus émouvant peut-être d'entendre cet adieu fraternel qui transcende culture et science.

Nous sommes tous accoudés à la balustrade de la terrasse qui domine la route du départ, bastingage du navire parental que constitue la maison. La voiture de Jérôme s'en détache lentement, chaloupe aventureuse. Il est parti.

---

1. F. Dostoïevski : « Chacun de nous est coupable devant tous pour tous et pour tout, et moi plus que les autres », maintes fois cité par Lévinas.
2. IME : institut médico-éducatif. CAT : centre d'aide par le travail.

À l'instant même de la séparation, il est entré dans notre représentation et notre imaginaire pour un long travail de la pensée.

La vie de tous les jours, si chaleureuse soit-elle, use, abrase la relation entre les êtres qui s'aiment. Et puis soudain, l'absence nous restitue l'essentiel en quelques battements de cœur.

Lequel de vos enfants préférez-vous ? demande ce proverbe libanais. « Celui qui est petit jusqu'à ce qu'il grandisse, celui qui est malade jusqu'à ce qu'il guérisse, celui qui est parti jusqu'à ce qu'il revienne. »

Le fonctionnement de plusieurs familles d'accueil thérapeutique constituées, par la force des choses, en service institutionnalisé, n'est pas toujours cohérent avec la clinique. Dans le cadre du placement familial permanent, on s'interroge souvent sur l'indication de séjours susceptibles de durer plusieurs années. Sous la pression, bien compréhensible, des services départementaux de l'Aide sociale à l'enfance, qui sollicitent l'admission urgente d'enfants en péril, on réévalue l'indication réelle de maintenir en famille de grands adolescents admis parfois dix ans plus tôt, pour faire place à de jeunes enfants. C'est oublier la gravité des traumatismes précoces, le poids des histoires pathologiques transmises de génération en génération dans la « continuité de la chaîne signifiante[1] ». Surtout, c'est sous-estimer la *lenteur des réparations psychiques*. En effet, la relative bonne adaptation sociale, scolaire, professionnelle d'un adolescent pourrait justifier sa sortie du service. Mais, il est très fréquent que l'adolescence réactive des souffrances apaisées ou fasse éclater (enfin !) une problématique interne refoulée et dont la potentialité éruptive était insoupçonnée, notamment en cas de traumatisme sexuel précoce. Par exemple, c'est dans le cadre d'un contrat d'aide passé entre cette jeune majeure et l'aide sociale départementale, et grâce à son enracinement dans sa famille d'accueil, qu'elle a pu

1. Le concept et la formule sont de Lacan qui avait observé que plusieurs équipes qui s'étaient succédé autour d'un même patient présentaient chacune à leur tour des difficultés internes de même nature. Le patient avait attaqué les liens des équipes, etc.

faire face à un oncle pervers sexuel qui tentait de l'engager dans la répétition de manœuvres anciennes. Sortie prématurément du service, elle se serait trouvée seule pour affronter et le retour du refoulé et la récidive d'une tentative perverse de séduction. C'est souvent à la fin de l'adolescence qu'il nous faut être à la fois vigilants ; et disponibles à ces jeunes qui paraissent « guéris ».

Octobre

Belle fin de semaine baignée de cette lumière ambrée d'automne plus belle en sa douceur que les éclats de l'été.

Samedi, nous sommes allés, adultes et enfants, cueillir des framboises chez un voisin, et cette brassée de grands tournesols. Dénichées dans un coin reculé du jardin, il y avait des fraises remontantes, énormes, juteuses, gorgées de sucre et de soleil et qui fondaient en bouche.

Dimanche, départ en randonnée. Gros souliers de marche qui ont connu tant de chemins, canne ferrée, sac au dos. La voiture nous porte à cent kilomètres de la maison tout en haut de ce Cotentin rocheux et sauvage comme, dit-on, les côtes d'Irlande. Le chemin des douaniers entre Goury et le Nez de Jobourg offre, aller et retour, six bonnes heures de marche entre tamaris, ajoncs remontants et bruyères. Violence des roches éboulées par les tempêtes de noroît. Et puis la mer. La mer surtout. Immensité palpitante en bleu, navires énormes autour d'Aurigny sur le « rail » veillé par les radars du « Cross[1] ». Nous marchons. Les enfants ne râlent pas. Ils se sont accordés au rythme lent de cette marche difficile, périlleuse en certains passages. Parfois, le pied hésite à vingt centimètres des gouffres au fond desquels la mer mousse sur les récifs bruns. « Rémi ! regarde devant toi, renoue tes lacets, attention à droite ! » Le chemin escarpé s'ouvre sur la baie d'Encalgrain, courbe de sable blanc immaculé que découvre le jusant, paume immense ouverte à la marée du soir. C'est la pause dans une légère ivresse de beauté. Temps fort de la relation éducative avec les enfants. Bonheur pur.

1. Cross : centre régional opérationnel de surveillance et de sauvetage en mer.

En prison les ados difficiles ?

Un enfant, un adolescent doit être contenu dans le temps afin de ne pas prendre la nuit pour le jour. Il doit se coucher, se lever, manger à l'heure, entrer dans les rythmes quotidiens qui permettent la vie ensemble, les rythmes circadiens qui permettent la vie tout court. Il doit distinguer l'avant de l'après dans le maintenant du penser. Il s'agit de pouvoir faire des projets, de différer la satisfaction d'un désir, de goûter au bonheur de l'attente où s'exerce l'espérance.

Un enfant, un adolescent doit être contenu dans l'espace afin de ne pas s'y perdre en errance, de reconnaître sa place et ses limites, d'habiter des lieux pour être parfois seul, parfois avec les autres. Il doit connaître la différence entre le fermé et l'ouvert et faire un travail de circulation entre son dedans et le dehors.

Un enfant, un ado doit être contenu dans son corps pour en expérimenter les aptitudes dans des limites, pour différencier le public de l'intime, pour contenir ses pulsions et contrôler sa violence et sa sexualité comme on veille au feu.

Un enfant, un ado doit être contenu dans la relation aux adultes, parents, maîtres, éducateurs qui ne sont pas des copains, encore moins des complices mais des images porteuses de loi et de sécurité. Il doit être contenu dans sa relation aux autres qui sont, comme lui, sujets de désir et non pas objets de jouissance. Il doit être confronté à la loi et aux interdits foncièrement libérateurs.

Un enfant, un ado, doit être contenu dans un moule humain pour prendre forme humaine.

Contenu, pas détenu.

Les médias, la presse écrite surtout, multiplient les débats contradictoires, voire conflictuels à propos de la politique économique européenne. Faut-il limiter à deux ou trois ans et à 3 % du PIB le déficit des États membres ? D'aucuns, bardés de diplômes économiques prestigieux conseillent de laisser filer le déficit afin de ne pas contrarier la croissance, quitte à alourdir le service de la dette. D'autres, non moins savants et titrés en la matière et pères-la-rigueur économique, s'en tiennent aux vertus éprouvées de l'économie domestique qui commandent de ne pas dépenser plus que l'on a sauf à se ruiner. Vaste débat compliqué par le choix, mais a-t-on encore le choix ? entre une économie ultra-libérale, mondialisée et une économie régulée telle que l'a théorisée Keynes. Cette politique monétaire et budgétaire n'est pas si éloignée de l'altermondialisme qui prône un contrôle des marchés financiers par les États.

La panoplie sémantique des experts est à l'économie ce que le vocabulaire lacanien est aux sciences humaines : ils interdisent au citoyen de base de s'approprier le débat sur le sens et la portée d'un programme et d'une décision économiques. Pour simplifier à l'excès, la question peut-être ainsi posée : si la consommation constitue, avec les investissements et les exportations une composante de la demande globale qui « tire » l'économie, faut-il pour autant consommer à tout prix, c'est-à-dire, en fin de compte, détruire sans limites ? Sous le matraquage des médias, faut-il continuer à confondre la croissance qui est la production de biens consommables à court et moyen termes, avec le développement qui est le progrès économique, social et culturel ? Ces questions constituent le cœur des interrogations politiques d'un travailleur social...

NOVEMBRE

Il y a un certain temps que Grégoire, neuf ans, n'est pas entré dans ce journal pour le divertir un peu. En ce début d'automne, je lui demande de m'aider à rentrer le bois qu'on nous a livré dans la cour. Perché sur le mur du jardin et me regardant de haut il me répond : « Tu peux toujours rêver ! » et continue de manger son goûter. Interloqué par une insolence si assurée, je le condamne, en comparution immédiate, à une demi-heure de travaux d'intérêt familial : il rentrera du bois au sec.

Habituellement réservé et taiseux, voire un peu inhibé, Grégoire prend de l'assurance, chante, rigole et se permet de me provoquer du haut de son mur. Que ne suis-je renard pour lui faire ouvrir le bec et lui ravir sa tartine ! Transgression majeure, crime de lèse-jardin, Grégoire a même tenté de pêcher les poissons rouges du bassin. Preuve en est qu'on a trouvé un flotteur de sa ligne près du bord. Je rêve ?

Il y a quelques jours, Grégoire dessinait une affiche électorale prometteuse d'une table de ping-pong, de filets pour les buts de foot et de jeux pour la cour de récré. Suivait cette injonction : Votez Grégoire !

Il faisait donc campagne en vue de l'élection des délégués de classe et a été élu au premier tour avec une certaine Flora, sa co-listière, entrée comme lui en politique à l'âge des billes et des sucettes. Et, Grégoire-le-dépressif affiche depuis cette élection de maréchal un dynamisme étonnant. La gloire sortie des urnes scolaires l'aurait-elle mieux soigné que huit années passées en famille thérapeutique ? Il reste que, élu ou pas, Grégoire doit accomplir sa peine et rentrer du bois. Malgré la médiation de Janine, je ne céderai pas. Peut-être parce qu'au fond, je suis jaloux. Moi, il y a huit ans, dans ma commune de droite j'ai conduit à la catastrophe une liste de gauche et ma carrière politique s'est brisée là. « Tu peux toujours rêver ! », a dit Grégoire du haut de son mur...

Ce soir, le satellite fait descendre dans notre maison la sublime cantate BWV 131 de Bach : « Des profondeurs je crie vers toi ! » Rémi, 13 ans, lui le phobique de l'abandon, que nous avons accueilli tout petit après une grave dépression, était exceptionnellement resté pour écouter ce chant de déréliction. La musique de Bach lui est probablement devenue familière car il me demande soudain (comme Tony l'an passé !) : « C'est vachement beau ! Dis, c'est pas ça que t'écoutes des fois, le matin, quand tu passes la serpillière ? »

DÉCEMBRE

« *Quare tristis incedo, dum affligit me inimicus*[1] ? » Enfant de chœur, j'alternais avec le prêtre, au bas de l'autel, les strophes du Psaume 42. En cet Avent au ciel gris, cette psalmodie est le contrepoint de mon spleen. D'ailleurs, « il fait un temps-cafard » disent les enfants. Et, je ne me réjouis plus à l'approche de Noël, sauf à se fermer les yeux au spectacle du monde et les oreilles à ses bruits de bottes. Les richesses accumulées dans les commerces, l'amoncellement obscène des biens à consommer, les lumières, les indigestions rituelles qui se préparent insultent aux pauvres, aux malades, aux affamés proches et lointains. Noël n'est plus dans Noël dès lors que, au Moyen Orient, la guerre est à Bethléem.

Et puis, tout ce qui est montré est à vendre. « *Quare tristis incedo* ? »...

Mais je viens d'entendre Roland Barthes citer Léon Bloy : « Il n'y a rien de parfaitement beau que ce qui est invisible et inachetable[2]. »

---

1. « Pourquoi suis-je plein de tristesse tandis que l'ennemi m'oppresse ? »
2. Barthes R., *Le neutre, Cours et séminaires au Collège de France, 1977-1978,* 2 cédéroms, Paris, Le Seuil, 2002.

6

2003

JANVIER

La crise couvait, si l'on ose dire, depuis un certain temps, que chaque hiver pluvieux aggrave : surpeuplé par Rémi, le poulailler familial devient un cloaque. De plus, les jeunes enfants qui s'accrochent au grillage y ont ouvert des trous multiples que Rémi, 13 ans, obture de vieilles planches, de film plastique de telle façon que le poulailler tourne au bidonville. Par conséquent, soucieux d'environnement et d'hygiène, le gouvernement familial, après en avoir décidé la fermeture définitive, travaille activement au relogement des locataires, les plus anciens étant promis au congélateur. Cette décision qui manifeste notre courage politique et notre mépris total pour ses conséquences électorales, a sous-estimé la réaction des deux enfants qui sont encore accueillis chez nous. Après s'être enfermé longtemps dans un silence dépressif, Rémi nous a déclaré, tout pâle : « J'aurais jamais cru ça de vous ! » Culpabilisés jusqu'aux os, nous comprenons que la confiance installée entre lui et nous depuis douze ans est sérieusement menacée par cette décision unilatérale. Quant à Grégoire, 9 ans, son frère, c'est une tête politique, comme on l'a d'ailleurs constaté lors de l'élection des délégués de classe[1]. Il nous rappelle que nous n'avons aucun pouvoir sur le petit coq nain offert par leur mère. Cet argument fait écho à la récente loi de modernisation sociale[2] qui affirme le primat de la famille d'origine. De plus, rompu à la militance, Grégoire a collé ce libelle à la porte de sa chambre : « Je ne veux plus vous voir, défense d'entrer ! » Et sans faute d'orthographe ! On n'aurait jamais dû instruire le peuple.

Le lendemain, Grégoire a modifié son affiche : « Vous pouvez quand même entrer... » Nous en inférons que des négociations peuvent s'ouvrir. Les parties se réuniront ce soir à la cuisine, avant le dîner.

La conférence s'est effectivement tenue, mais le lendemain matin, le temps que la nuit refroidisse les émotions. Aux termes de l'accord intervenu entre Rémi, Grégoire et nous, huit poules et le petit coq nain seront relogés au sec dans un poulailler neuf, plus petit et plus fonctionnel. Quant aux autres poules naines et pondeuses de choc elles trouveront accueil dans une ferme voisine qui promet de les bien traiter. La conférence n'a pas approfondi la question du « bien » et de ses dérives possibles. Notre accord s'en tient aux grandes lignes du destin des poules, c'est un accord cadre et nous nous sommes bien gardés de dire à Rémi que le diable se tient souvent dans les détails.

Depuis, Rémi s'interroge sur le prix réel de cet accord. En effet, le nouveau poulailler étant plus proche de la maison, notre surveillance est quasi permanente. Finis les perchoirs délirants, les ajouts mobiliers schizophréniques, les mangeoires vides et les abreuvoirs secs ! Depuis l'accord en question, volaille rime avec Versailles. Au fond, Rémi fait l'expérience structurante des conséquences d'un mouvement social dur. Quant à Grégoire-le-politique, il ricane dans son coin lorsque le préposé au poulailler se fait engueuler. Ce petit ira loin !

---

1. Page 109
2. Loi dite « du 2 janvier 2002 ».

La naissance, annoncée par les médias, d'un bébé supposé cloné donne à penser la vie, l'amour, la mort. Nous pensons la vie à partir de la différence dont la différence sexuelle est le paradigme. C'est grâce à cette différence qu'il y a altérité et par conséquent rencontre. Sans différence, pas d'autrui ni de pensable sur soi par effet de miroir et d'identification car, comme a dit le poète « Je est un autre. » Pour ces raisons, le clonage reproductif constitue d'ores et déjà une menace totalitaire de déshumanisation. Deux clones humains — mais seraient-ils humains ? — détenteurs d'un patrimoine génétique commun ne seraient finalement pas tout à fait semblables en raison de déterminismes exogènes (processus d'attachement primaire, culture, environnement etc.) mais l'unique en chacun serait aboli. Selon Emmanuel Lévinas, ce n'est pas parce qu'il y a amour que l'autre est unique mais c'est parce que l'autre est unique qu'il y a amour. Il ajoute : « Où est mon unicité ? Au moment où je suis responsable de l'autre, je suis unique. Je suis unique en tant qu'irremplaçable, en tant qu'élu pour répondre de lui[1]. » C'est parce que l'amour procède de l'unique qu'il est menacé par la « mêmeté[2] » du clonage reproductif. Dans le clone humain, plus de moi-même, plus de toi-même. C'en est donc fini de l'ipséité, du « soi-même » des philosophes et de son rapport à l'amour tel que l'énonçait W. Jankélévitch : « L'amour ne s'intéresse qu'à l'essentiel qui est l'ipséité de son frère[3]. »

FÉVRIER

Notre champ de travail éducatif et thérapeutique est miné par des idéologies toxiques : idéologie de *la demande*, idéologie de *la distance*, idéologie du *lien*. On peut toujours attendre qu'un jeune soit *en demande* pour poser un acte éducatif ! On risque d'attendre longtemps au nom d'une non-directivité elle-même idéologique si elle est mal comprise ! Au contraire, prévenir

1. Poirié F., Lévinas E., *op. cit.*, 1996.
2. Paul Ricœur.
3. *Traité des vertus*, cité par Foulquié P., *Dictionnaire de philosophie*, Paris, PUF, 1992, p. 613.

parfois une demande c'est manifester notre attente anticipatrice[1] et notre foi dans les capacités d'un jeune à évoluer. Et, rester absolument dans la *distance* au prétexte de ne pas courir de risque affectif et de ne pas contaminer l'autre par nos projections inconscientes, c'est, par une attitude omnipotente au fond, prétendre tout maîtriser de nos affects et fuir les risques d'une altérité émue. C'est, dans la distance, une sorte de violence inversée faite à autrui par refus d'échange, de don et de contre-don. Reste l'idéologie du *lien* qui est probablement la plus virulente.

En référence à la lettre de certains textes administratifs ou législatifs, on contraint des enfants très fragiles à retourner chez leurs parents toxiques et nullement soignés ; on recherche même avec ardeur des parents disparus qu'on fait, fantômes de parentalité, réapparaître, devant leur enfant terrifié ; au nom de la prévalence du lien biologique on contrait un jeune à rencontrer une mère abhorrée ; on force une adolescente à séjourner chez un père suspect d'abus sexuels ; on rend cinq jeunes enfants à des parents violents. Tous ces *meurtres psychiques*[2] commis pour le « bien » des enfants parce que « Tu honoreras ton père et ta mère » injonction biblique où s'enracinent la culpabilité et la terreur enfantines décrites notamment par Alice Miller[3].

L'idéologie du lien justifierait la compression des horaires de travail en internat : certains établissements renvoient les enfants dans leur famille plus de cent jours par an. Par ailleurs, certains décideurs (magistrats, inspecteurs de l'Aide sociale à l'enfance) sont incapables d'assumer un conflit avec des parents maltraitants et se justifient de leur rendre l'enfant au nom du primat du lien familial. Maurice Berger ne cesse de répéter que le lien ne possède aucune valeur intrinsèque et qu'il n'a de sens que par ceux qu'il relie. Le lien peut être croisé, diversifié, doublé. Un enfant placé en famille d'accueil permanent peut en effet s'alimenter à une double parentalité, celle de ses parents et celle de sa famille d'accueil et son lien à ses parents peut même se fortifier dans la

1. Michel Lemay.
2. Berger M., *op. cit.*, 1992.
3. Miller A., *L'Enfant sous terreur*, Paris, Aubier, 1986.

distance qui le protège d'eux. Paradoxe à ne pas résoudre sauf à perdre la valeur du paradoxe.

Les médias ont récemment consacré beaucoup d'émissions et d'articles à la résilience. Il s'agit d'un concept très intéressant à l'approfondissement et à la médiatisation duquel Boris Cyrulnik a beaucoup contribué. Dans nos professions sociales, c'est un concept très à la mode, comme ont été à la mode, en leur temps, les travaux de Bettelheim, de Rogers, de Neil, sans parler de Freud ou de Lacan. La profession se fait ainsi une sorte d'overdose de concepts neufs ou rajeunis évoluant en vulgate approximative à tout faire.

C'est d'ailleurs dans la résilience mal comprise que l'idéologie de la distance avait cherché sa justification comme si un enfant, fort de ses capacités de résilience, pouvait évoluer sans qu'un tiers l'accompagne à la faveur d'un engagement effectif auprès de lui.

Une manifestation caricaturale de cette distance nous avait été donnée à voir par l'éducateur d'un groupe institutionnel de douze jeunes garçons. Un soir, ces jeunes étaient tous en grand tumulte. Notre collègue était assis au milieu de son groupe, calme, immobile dans la tempête de chaussures et de brosses à dents qui volaient, se gardant manifestement de toute intervention. Comme nous nous étonnions de son immobilisme il nous a répondu les yeux dans le vague : « Je suis une présence absente... »

Nous savions qu'il accomplissait une analyse en vue de devenir... psychothérapeute ! En tout cas, en plein remaniement symbolique de son rapport à la réalité, il était incapable de reprendre pied dans l'ici et maintenant d'une situation éducative chaude et, l'angoisse de son groupe d'enfants montait.

Au nom d'un accompagnement prétendument neutre et bienveillant et dans une relation idéologiquement distanciée, combien d'enfants, faute d'un solide étayage, n'ont pu mettre en œuvre leurs potentialités de résilience ? Certains éducateurs stérilisent en fait la relation éducative en s'interdisant un partage émotif avec un jeune au prétexte de favoriser son autonomie. De même, l'idéologie de la distance porte des inspecteurs de l'Aide sociale à l'enfance à interdire à des familles d'accueil permanent de s'attacher aux enfants qu'elles reçoivent en vue de prévenir un débordement affectif. Or, ce dont l'enfant a besoin pour mettre en œuvre ses capacités de résilience, c'est d'être accompagné dans une permanence aimante, contenante et sécurisante. À cet égard, le témoignage d'Alexandre Jollien[1] est des plus convaincants.

Une jeune collègue, en fin de formation dans une école d'éducateurs spécialisés, nous expliquait que, dans sa promotion, l'engagement affectif de l'éducateur est un sujet tabou. Quel danger serait donc contenu sous le couvercle de ce tabou ?

Au terme d'une conférence, J. D. Nasio parlait de l'identification du thérapeute à la souffrance de l'enfant. Il pensait que cette identification entre également dans la relation éducative. Lorsqu'on s'identifie un à un enfant qui souffre, on accepte de recevoir un peu de sa souffrance en « dépôt ». C'est à nos réactions émotives contre-transférentielles que nous reconnaissons l'existence en nous-même de ce *transfert* de souffrance qui, par ailleurs, constitue la matière d'une *supervision personnelle indispensable*. Poser le couvercle du tabou sur nos affects vise peut-être à se protéger d'un souffrir qui n'est peut-être pas seulement celui de l'enfant qu'on éduque... À trop se protéger des affects, on en vient à ne plus être qu'un éducateur de bureau d'accueil planqué derrière le guichet de ses névroses infantiles...

MARS

« C'était mon copain, c'était mon ami... » Cette chanson de Bécaud, qui date des années cinquante, était le leitmotiv d'une amitié de jeunesse qui fut fervente et dont l'idéalisme juvénile déployait ces utopies nécessaires à toute création de l'âge mûr. Nous avions, Pierre et moi, le projet d'inventer une structure atypique pour y vivre avec des enfants perdus comme des chiens sans collier. (On avait pleuré dans les chaumières en lisant le livre de Cesbron[2] !) Non pas une maison d'enfants mais une maison

1. Jollien A., *Éloge de la faiblesse*, Paris, Éditions du Cerf, 1999.

2. Cesbron G., *Chiens perdus sans collier*, Paris, Robert Laffont, 1954 (coll. « J'ai lu » n° 6, 2000).

où *vivre avec* des enfants. De nous deux, c'est moi que le destin appelait à la réaliser avec ma femme et collègue. Il me reste le bonheur un peu coupable d'avoir réussi et de vivre encore. Pierre, venant de se donner la mort.

Très tôt, une secrète blessure de l'identité l'avait empêché de mûrir. Il s'est toute sa vie cramponné au rivage de son adolescence. Il était incapable de supporter les désillusions cruelles auxquelles sont confrontés un rêve de jeunesse et la volonté de le réaliser.

Sans jamais oublier l'autre, nous nous sommes, chacun sur son île, perdus de vue pendant vingt-cinq ans. Et puis, à la faveur d'un rendez-vous que nous nous étions donné comme on lance une bouteille à la mer, j'ai trouvé un inconnu, vieil adolescent irritant et pathétique, broyé par des échecs existentiels nombreux. Il cachait mal sa souffrance dans un déni sarcastique. Il refusait d'être aidé. Plus exactement refusait-il l'aide qu'il demandait implicitement. Il voulait tout maîtriser de la compassion d'autrui. Comme à son entourage familial immédiat, il m'infligeait, lorsque nous nous rencontrions par la suite, le défi de réussir à positiver ce qui pouvait encore l'être dans son existence. Il jouissait de sa victoire morbide sur nos encouragements à se soigner et à vivre. Il voulait probablement que je fusse encore, quoique dans l'âge mûr, un ami de quinze ou seize ans, et que nous revivions, oubliant nos cheveux gris, l'exaltation et les promesses de l'adolescence. Je comprenais que nous étions retrouvés sur un malentendu pitoyable et douloureux.

Éducateur, je me trouvé confronté à des adolescents qui me lançaient le défi de leur suicide comme pour, dans un inacceptable chantage, éprouver mon attachement. Je ne pouvais qu'offrir silencieusement ma présence sachant qu'au point de bascule entre la vie et la mort chacun est, en fin de compte, libre de vivre ou de mourir. Pierre est mort et je survis, comme les siens, avec l'inéluctable culpabilité qui résiste à toute justification et qui reste sur nous le pouvoir mystérieux des morts. En tout cas, « rencontrer un homme c'est être tenu en éveil par une énigme[1] ».

1. J'ignore l'auteur de cette phrase entendue à la radio...

Rêveur avec moi d'une maison pour des enfants, Pierre « habite » un peu cette maison où j'écris près de ma femme et des enfants que nous accueillons, et qui n'existerait peut être pas sans avoir, il y a cinquante ans, été rêvée avec lui.

Une éducatrice m'interroge par courriel sur la pertinence de consacrer son mémoire de DESS[1] à la place et au rôle du père d'accueil dans le placement familial permanent. Elle constate qu'il n'est pas nommé dans le contrat souscrit entre l'Aide sociale départementale et son épouse assistante maternelle. De même qu'il n'est pas rétribué pour un travail éducatif qu'on exige implicitement de lui. Ce constat me rappelle que, il y a quelques mois, une association m'avait sollicité à l'occasion du trentenaire de son service de placement familial, en vue d'une intervention sur la place et la fonction de la figure paternelle dans le placement familial des enfants de l'Aide sociale. Au jour dit, je me suis trouvé, conférencier, face à un auditoire fort nombreux mais constitué exclusivement des assistantes maternelles de l'association. Je n'ai pu me retenir de demander tout haut s'il y avait un père dans l'avion ! Du haut des derniers rangs de l'amphithéâtre, une dame s'est courageusement levée pour me préciser que les « pères » n'avaient pas été invités.

En effet, dans le placement familial permanent d'enfants en grande souffrance et souvent très difficiles, le père d'accueil occupe encore souvent une sorte de *continent noir* inexploré. En tout cas, la question du père s'inscrit dans la problématique globale du père dans la société depuis que la notion juridique de *puissance paternelle* est abolie et que l'autorité parentale est partagée. D'autre part, en famille d'accueil, la place symbolique du père est subordonnée, comme dans une famille « normale » à la nomination du père par la mère (Je vais en parler à ton père, etc.). C'est elle qui, implicitement, par son attitude « dit » qui est le père. Les mères d'accueil ont parfois des attitudes un peu phalliques et, par conséquent, les pères d'accueil qu'elles

1. Diplôme d'étude en sciences sociales.

méritent. Il reste que, en famille d'accueil, les avatars de la *métaphore du Nom-du-père*[1] sont compliqués par le fait que l'Aide sociale ne nomme pas le père d'accueil, créant ainsi une sorte de situation d'inceste virtuel qui n'aboutit pas puisque, dans la plupart des cas, ce père d'accueil innommable veut quand même bien, heureusement et bénévolement, s'en mêler. Il fait en sorte que, nonobstant sa forclusion dans le contrat d'accueil, le placement soit quand même « œdipienisé » !

En conclusion, le mémoire de DESS de notre collègue est tout à fait pertinent et pourrait s'enrichir de ce que les enfants eux-mêmes nous enseignent à ce sujet : à moi qui, tous les jours, assume le service de la cheminée, ma femme se plaint avec véhémence qu'il fait trop chaud et que je ne tiens jamais compte de ses remarques. Rémi, treize ans, s'immisce dans cette querelle domestique récurrente pour, en quelque sorte, me protéger : « Laisse Jean tranquille, c'est le maître du feu ! »

Quel père serait insensible à cette brûlante allégorie ? Toute gloire bue, j'y trouve simplement le signe que Rémi connaît la place et la fonction paternelle dans la maison. Quant à sa façon de le dire devant cette flambée d'hiver, c'est la cerise sur... un volcan !

C'est la guerre en Irak. Mon identification aux enfants qui sont sous les bombes et les missiles se nourrit d'un souvenir incrusté dans mon corps comme un implant. Fuyant avec ma mère Paris qui allait être occupé et probablement détruit par l'armée allemande, j'ai vécu avec des milliers de gens l'exode[2] qui nous jetait sur les routes du midi. Sur une portion d'un trajet erratique effectué en chemin de fer, nous devions, lorsque le train s'arrêtait sous la menace des Stukas, nous réfugier sous notre wagon, à plat ventre, le visage contre les boggies. Le vrombissement des avions de chasse et le crépitement des mitrailleuses faisaient

1. Selon laquelle le père est l'incarnation du signifiant par lequel l'enfant est séparé de la mère pour accéder à l'idéal du moi et à la loi. *Cf.* Roudinesco É., *Dictionnaire de psychanalyse*, Paris, Fayard, 1997.

2. *Cf.* l'ouvrage de P. Miquel, *L'Exode, 10 mai-20 juin 1940*, Paris, Plon, 2003.

battre mon cœur contre la traverse goudronnée du ballast. J'avais la terreur que le train reparte et nous écrase. Je sais ce qu'est l'angoisse *impensable* d'un jeune enfant. Il est encore incapable de la penser et l'éprouve dans la totalité de son corps : il *est* angoisse. C'est d'ailleurs l'expérience la plus mortifère des petits enfants carencés précoces auxquels je m'intéresse depuis trente ans.

AVRIL

Il y a dix-sept ans, un petit garçon entrait à l'institut médico-éducatif voisin. Âgé de quatre ans et demi, il souffrait de troubles cognitifs, somatiques, moteurs et affectifs particulièrement graves. Quatorze mois d'hospitalisation pour une atrésie[1] de l'œsophage constatée à sa naissance, nourrissage par sonde gastrique, contention en position orthostatique, interventions chirurgicales répétitives, éloignement de sa région d'origine, absence de repères humains stables et réguliers, avaient formé le tableau clinique le plus grave et le plus total de ce que Lemay nomme *syndrome morbide de carence relationnelle précoce*[2]. L'état de l'enfant posait alors un problème sérieux de diagnostic différentiel[3] car la carence précoce et l'autisme présentent certains signes cliniques communs et troublants[4].

Nous avions accueilli cet enfant à dix-huit mois. Il ne parlait pas, il hurlait. « Niveau de communication, zéro ! » avait alors constaté notre psychiatre.

---

1. Interruption.
2. Lemay M., *J'ai mal à ma mère, Approche thérapeutique du carencé relationnel*, Paris, Fleurus, 1979.
3. « Certains états dépressifs de la petite enfance, certains troubles gaves de l'attachement type carence relationnelle donnent un tableau étonnamment proche de l'autisme de Kanner puis, les conditions affectives étant modifiées, une réanimation psychique spectaculaire se produit, amenant à délaisser le diagnostic premier », Lemay M., *L'Autisme aujourd'hui* » Paris, Odile Jacob, 2004, p. 18.
4. Cartry J., *Tony-la-Carence*, Paris, Fleurus, 1988 (épuisé), p. 61 à 63.

Durant les premières années de cet accueil, toute notre famille s'est mobilisée pour stimuler cet enfant, le sur-stimuler au point qu'il en était parfois, comme nous tous, épuisé.

Heureusement, l'équipe de l'IME est intervenue comme tiers séparateur entre nous et ce petit garçon fou d'être carencé. Éloigné de nous et, par conséquent, contraint d'accomplir un travail mental de représentation pour se soutenir dans le creux de l'absence, il a fini par dire un jour « Maman ! ». Mot premier, primordial, en quelque sorte *père féminin* de la parole tant il est vrai, comme a dit Tomatis[1], que *le vrai père c'est le langage.*

Pendant dix-sept ans, cet enfant a circulé entre l'IME et nous. Grâce au professionnalisme de nos collègues, il est progressivement entré dans le temps et dans l'espace qui absorbaient son corps sans limites, et dans des relations humaines significatives, car nous savons bien que la résilience d'un enfant reste un concept livresque à la mode s'il ne suscite pas les attentes anticipatrices de l'entourage et ses permanentes stimulations.

Aujourd'hui, le petit garçon est un adolescent sachant parler, lire, écrire, entrer dans les émotions d'autrui. Cette page de mon cahier est un hommage à l'équipe qui nous a aidés à *re-mettre* cet enfant au monde.

La fenêtre de la chambre où je suis hospitalisé pour quelques jours surplombe, à la périphérie de cette petite ville, un paysage encore un peu campagnard, puzzle de maisons modestes et de jardinets. Immobilisé dans mon fauteuil par une perfusion et un drain, j'observe, en contrebas, une petite fille qui chante sur sa balançoire. Elle est entourée d'aubépines, de cassis et de pommiers en fleurs dans cette soirée de printemps lumineuse et douce. Dans le temps de cette contemplation paisible, le récepteur de télévision accroché au mur de ma chambre me regarde tel l'œil de la conscience. En effet, d'Irak, la télévision m'envoie en direct

1. Alfred Tomatis : médecin ORL de formation, il a orienté ses recherches sur les processus d'écoute et de communication et sur la relation étroite entre l'oreille et la voix, l'écoute et le language (www.centreaudiovocal.com).

l'image d'une fillette ensanglantée, soignée sur un lit de fortune dans un hôpital ravagé et démuni de tout. En direct donc, et simultanément, le bonheur et le malheur innocents. Pourtant, ces deux gamines sont sœurs en humanité. Mais la première est nourrie, soignée, vaccinée, scolarisée et balance son bonheur sous la neige printanière des aubépines dans la paix du soir. Depuis sa naissance, la seconde végète sous un embargo occidental inique dans l'attente de nourriture, de vaccins, de cahiers et d'une paix improbables ; et sa maison vient d'être soufflée par un missile coûtant plusieurs milliers de dollars. Cette scandaleuse antithèse dépasse infiniment mes petits soucis de santé actuels.

Sous l'œil de ma conscience allumé au mur de ma chambre, je m'interroge sur la paix. Je sais qu'une bonne partie des richesses de l'Occident est pompée sur les pays pauvres et que, à moyen terme il faudra bien faire face à leur révolte. Sauf à comprendre le plus tôt possible la valeur, au moins stratégique, de la justice et du partage.

Mai

Il est vingt-deux heures, la maison est silencieuse ; nous partons tous demain très tôt, les enfants pour participer à un camp sur l'île Chausey et nous pour intervenir dans une école d'éducateurs. Chacun est donc censé se coucher de bonne heure. Avant de dormir, Janine s'avise que le chat est enfermé dans la buanderie. Elle descend au rez-de-chaussée et constate que la porte principale de la maison, habituellement verrouillée pour la nuit, est entrouverte ainsi que la porte de la cave...

Elle entend dans le noir la respiration oppressée et retenue de qui commet un forfait nocturne. Normalement, l'heure du crime est plus avancée dans la nuit !

Dans le faisceau de la torche électrique, apparaît Rémi, treize ans, serrant contre lui une boîte à chaussures.

— Qu'est-ce que tu fais là ?

Silence du suspect.

— Bon, tu réponds, c'est quoi cette boîte ?

Craintivement ouverte, la boîte contient une dizaine de bulbes de glaïeuls prélevés sur le lot que j'ai acheté la veille.

— Tu plantes des fleurs la nuit ? !

Silence obstiné du voleur. Rémi est immobile, tétanisé, un transplantoir à la main (que je cherche en vain depuis une semaine). J'associe le vol des bulbes à celui de plusieurs plants de myosotis et de sauge. Des sachets de graines ont disparu et le répulsif à limaces a diminué de moitié.

Qu'on sache que Rémi entretient un petit jardin personnel derrière la maison...

Nous sourions intérieurement de cette délinquance bucolique que nous envieraient bien des éducateurs de rue. J'improvise tout de même un petit discours éducatif, un rappel à la loi qui, n'était la nuit, aurait les couleurs assorties des sauges, des myosotis et des glaïeuls.

De retour à la maison, nous constatons que la chatte a fait quatre petits. Mais, elle bien trop jeune pour être mère, victime des œuvres d'un matou voisin avant qu'une contraception fut décidée. Par conséquent, des quatre chatons, trois sont mort-nés. Le survivant est tout maigrelet, plaintif. Si l'on considère que le premier enfant fait la mère, cet avorton est censé convertir la sienne à la maternité. Vaste programme ! Notre féline adolescente paraît bien embarrassée de ce bébé geignard. Elle préfère la promenade aux joies fusionnelles de l'allaitement. C'est à ce sujet que Rémi, ce *phobique de l'abandon*[1] décide d'intervenir car il se projette sur ce bébé chat en grand danger de carence précoce et ne cesse de lui ramener sa mère au logis avec force objurgations à devenir une bonne mère. De guerre lasse, il l'enferme dans la buanderie avec son enfant et se poste en sentinelle du processus d'attachement[2].

1. Myriam David.

2. Montagnier H., *L'Attachement, les débuts de la tendresse*, Paris, Odile Jacob, 1988.

Quant à Grégoire, dix ans, il est plus distancié de cette maternité défaillante. « Tu sais — me dit-il devant la détermination de son frère et la résistance de la chatte — elle est bien trop jeune pour avoir un bébé. Peut-être qu'elle l'aime bien mais elle ne sait pas s'en occuper... »

Je reste songeur, me souvenant que, il y a quelques années, le juge des enfants avait dit aux garçons : « Votre maman vous aime mais elle ne sait pas s'occuper de vous. »

JUIN

Si savants soient certains auteurs, le vivant de la clinique n'est pas dans les livres. Pour nous, le lieu du vivant de la clinique, c'est le vivre-avec les enfants qui nous sont confiés et l'observation qui s'étaye sur une expérience conceptualisée. Car ce sont les jeunes qui valident nos hypothèses cliniques pour autant qu'on sache écouter leur « langage symptomatique[1] ».

Tony, qui aura bien tôt vingt ans, est un « modèle » de carences précoces gravissimes. Lorsqu'il était petit, notre voiture en marche constituait la seule enveloppe contenante de son angoisse. Dans cet espace à la fois limité et ronronnant, il retrouvait probablement des odeurs familières, un bruit rassurant, un *holding* nécessaire à son apaisement. Si bien que, à l'acmé d'une crise d'angoisse qui le désorganisait psychiquement, nous emmenions Tony faire une petite séance de *contenance* automobile à forte valeur thérapeutique qui ne disait pas son nom.

Vingt ans après : à la nuit tombée, nous descendons fermer la grille de la cour qui donne sur la route. La voiture du frère de Tony, Jérôme, est ouverte et le plafonnier est allumé. Or, ce frère d'adoption bien-aimé, presque un jumeau, est absent depuis plusieurs mois.

Tony qui est fasciné par la conduite aurait-il tenté de la mettre en marche pour le retrouver ? Très inquiets, nous cherchons Tony

1. M. Lemay

qui n'est pas non plus dans sa chambre et finissons par le retrouver dans l'ombre, au bord de la route, hagard et tremblant : « Je m'ennuie de Jérôme... » Il nous explique qu'il s'est enfermé dans la voiture de son frère et nous finissons par comprendre qu'au terme de ces longs mois d'absence, Tony n'est plus capable de se représenter son frère vivant. La trace psychique de Jérôme en Tony s'est évaporée. Dans la voiture, qui a contenu son angoisse un moment, Tony a très probablement retrouvé l'*empreinte*[1] de ce frère « disparu » et intériorisé à nouveau sa trace pour un certain temps.

En 1981, à l'occasion des entretiens de Bichat[2], Didier Houzel proposait cette définition de la carence précoce :

> « Peut-être faudrait-il redéfinir de cette façon le problème des carences affectives précoces : non pas comme une insuffisance en quantité d'amour maternel, mais comme un espacement trop grand des relations à une personne extérieure, dépassant le délai pendant lequel l'enfant peut maintenir vivant un objet intériorisé. »

JUILLET

10,1 — 10,2 — 9,5 — 10,3... Depuis toujours, c'est la moyenne de Séverine, une petite moyenne toujours à la limite de l'insuffisant mais constante ; un étiage scolaire en quelque sorte.

Séverine est arrivée chez nous à sept ans. C'était Cosette. Non pas que ce journal soit un *remake* des *Misérables*, mais « Cosette » s'imposait comme référence générique. Sa première famille d'accueil l'obligeait à jouer au nord du jardin, loin des deux filles de la maison qui, elles, s'amusaient au soleil comme les deux gamines des Thénardier. Certes, Séverine n'était pas envoyée en forêt chercher de l'eau dans un grand seau et livrée aux terreurs de la nuit. Mais, dans le placement familial permanent des enfants, il existe encore parfois des

1. Au sens éthologique du terme.
2. Notes personnelles.

Thénardier de si bonne mine qu'ils ont obtenu leur agrément[1]. Ceux qui accueillaient alors Séverine voulaient la modeler à leur convenance et ne supportaient pas qu'elle insiste pour revoir sa mère régulièrement. « Elle ne comprend rien — disaient-ils — d'ailleurs, elle est débile. La preuve ? Nous l'avons emmenée en Italie et elle n'a pas eu l'air de s'y intéresser ! »

Après eux, nous avons accueilli cette fillette si menue qu'elle était repoussée par le vent d'équinoxe soufflant sur notre terrasse exposée à la mer. Elle était incapable d'en descendre les escaliers sans être arrimée à un adulte — métaphore limpide de l'accompagnement éducatif, que nous avons filée avec Séverine pendant plus de dix ans.

Quelques semaines après son arrivée, nous avons fortuitement découvert que Séverine savait lire, contrairement aux informations contenues dans son dossier. Elle est entrée à l'école du village : 10,1 — 10 — 9,7. De même pendant les années de collège.

Séverine paraissait bridée, lourde d'un boulet intérieur, d'une histoire indicible qui, en psychothérapie, sourdait comme un filet d'eau.

Maison familiale[2], 10,3 — 10,5. Dans un stage d'alternance en entreprise la patronne estime que Séverine est tout juste « bonne » pour un CAT[3].

Passent les saisons, passent les années. Longue patience. Arrimage à l'adulte lorsque les vents sont trop forts. Cette gamine nous touche, nous irrite. Elle n'a pas de nerfs et fait tout lentement, encore entravée par des liens qui se desserrent peu à peu en préparation d'une évasion.

Et Cosette vient de réussir son Bac-pro : 10,2 !

---

1. Procédure indispensable pour devenir assistante maternelle et famille d'accueil.
2. Établissement d'enseignement privé dont la pédagogie est fondée sur l'alternance de cours traditionnels et de stages pratiques en milieu professionnel.
3. Centre d'aide par le travail pour personnes handicapées.

AOÛT

Le petit Rémi qui surgit souvent entre les pages de ce cahier, a grandi. Il a quatorze ans.

C'est veille de rentrée scolaire. Nous nous avisons au dernier moment qu'il n'a plus de chaussures convenables pour faire sa rentrée à l'IME, et, sachant que je vais en ville, Janine me charge de ce petit problème domestique susceptible, comme on verra, d'ouvrir une vaste réflexion pédagogique et politique.

Rémi et moi naviguons à vue dans l'immense halle à chaussures où nous pousse la rigueur budgétaire. Et, je me raidis lorsque Rémi, mieux repéré dans l'espace que je ne le pensais, m'entraîne vers le rayon des ados. Je repère (re-paire comme on dirait en vulgate lacanienne) quelques chaussures sympas que je propose à Rémi avec une non-directivité sourdement directive. Il en essaye quelques paires pour ne pas me contrarier de façon frontale. Moi, je trouve que toutes lui vont bien. Lui ne dit mot. Je suis déjà fatigué de ses atermoiements et le presse de choisir au plus vite. Regard fuyant, Rémi me déclare devant la douzaine de chaussures étalées par terre : « Ça fait pas ado, et puis c'est pas de la marque ! »

Nous reprenons le tour des gondoles, en vain. Complètement découragé, je m'assieds dans un coin (repaire !) et envoie Rémi se débrouiller tout seul. Une demi-heure plus tard, il m'apporte une paire de chaussures de compromis. En sortant du magasin, il fait la tête, manifestement insatisfait. Alors, dans la voiture, sur la route du retour, j'éteins l'autoradio et commence avec une certaine solennité rhétorique :

« Tu sais Rémi, les ados, ils sont complètement manipulés par les marques qui vendent les fringues griffées deux fois plus cher que les fringues sans marque. Et puis, tu te promènes avec leur nom sur le dos si bien que, en fait, tu payes pour faire leur pub. Au fond, le problème c'est de savoir si tu es libre de choisir sans te faire assommer par la télé ou la radio. Et aussi par rapport aux copains qui font la crise aux parents pour avoir de la marque. » Pour finir, j'énonce la péroraison censée le toucher au cœur : « Et puis la honte est que plein de marques font travailler les jeunes enfants dans les pays pauvres ; alors, tu as compris ? »

« Oui — répond Rémi — mais moi, je préfère de la marque ! »

Octobre

Vivre avec les enfants et les adolescents, tourner les humbles choses domestiques dans le sens du soin, de la sécurité, de la réparation, de la loi, constituent un projet pédagogique qui, dans sa modestie, ne manque pas de cohérence puisqu'il touche à la vie même, notamment la vie des enfants carencés. Ainsi, les rites du coucher font entrer tel enfant dans ce qui tient à la nuit : « Cette part de mystère, la plus grande proximité de l'imaginaire et des affects[1] » en toute sécurité ; tel autre qui désespérait de ses aptitudes réussit à monter à vélo ; un troisième, après maints échecs mortifiants, confectionne un gâteau qui est accepté par ses pairs ; enfin, ce dernier, phobique du vide et de l'abandon, se rassure à constater que le placard à provisions est à nouveau rempli. Vignettes d'un humble chaque jour, pain quotidien du soin aux enfants carencés.

Dans la plupart des cas, la « réparation » des enfants et des ados en grande souffrance s'effectue lentement par ce que Bernard Durey, psychothérapeute, nomme le « retour de l'objet réussi et/ou partagé sur le narcissisme de son auteur ».

Mais, l'absurde réglementaire touche parfois au kafkaïen, et interdit aux jours et aux saisons leurs effets thérapeutiques :

Dans cet IME, les enfants n'ont pas le droit de manger les œufs des poules qu'ils soignent faute de contrôle vétérinaire ; d'autres, par mesure d'hygiène, ne peuvent déguster les confitures des mûres qu'ils ont récoltées par un bel après-midi de mercredi ; les jeunes d'un IR[2] doivent jeter[3] leurs gâteaux qui sortent du four au nom du principe de précaution ; enfin, pas question de faire un bon feu dans la cheminée du foyer : la cheminée est obturée, consignes de sécurité obligent.

1. Fustier P., *Les Corridors du quotidien*, Lyon, Presse universitaires de Lyon, 1993, p. 120 (3e éd. 1996).
2. Institut de rééducation.
3. Nous l'avons vérifié !

Pour finir, le benjamin de ce groupe dans une MECS[1] n'aura pas son bisou du soir par l'éducateur de service car il faut... de la distance !

Tout commence sur cette aire de repos d'autoroute. Marina, quinze ans, traîne dans la boutique des gadgets et bavarde avec un inconnu pendant que les éducateurs font le plein du minicar. Et puis, c'est le camp des vacances. Balades et randonnées plombées par l'inexorable soleil de cet été de feu.

Un mois plus tard, en ce matin de septembre, Marina est au collège. Tout serait calme dans son ciel d'adolescente, n'était sa mère si lourde de problèmes et dont Marina, par inversion de statuts, se sent responsable. Marina est lourde de sa mère comme d'un enfant. Pourtant, ce matin, elle est sereine devant le contrôle de maths qu'elle a bien préparé.

Dans le temps qu'elle travaille sur sa copie, deux hommes sonnent à la porte de sa famille d'accueil. Sans réponse, ils insistent, s'en vont, reviennent et s'enquièrent de Marina auprès de la voisine.

Après maintes hypothèses sur le sens de cette visite insolite et inquiétante, la famille d'accueil de Marina comprendra enfin que cette dernière a parlé avec l'inconnu de l'autoroute, presque familièrement, au point de lui confier le numéro de son téléphone mobile ! D'ailleurs, cet homme, dont elle dit qu'il est un « copain » l'appelle souvent en pleine nuit pour de longues conversations qui tiennent éveillée et soucieuse l'assistante maternelle de la jeune fille.

Il en est ainsi de nombreux adolescents. Leur téléphone portable est un objet transitionnel, doudou virtuel et tout-puissant. La totalité de leurs communications échappe aux parents, aux éducateurs et n'importe qui peut exercer sur eux le pouvoir d'un appel maléfique. Peut-être, depuis leur petite enfance, certains adolescents sont-ils incapables d'être seuls au sens que Winnicott attache à la *capacité d'être seul ?* Peut-être ont-ils du mal à se

1. Maison d'enfants à caractère social.

représenter l'autre, absent, le portable leur épargnant un effort de pensée et de représentation ? Ils céderaient alors à la pulsion mimétique et ludique d'appeler pour ne rien dire. En s'assurant que l'autre, absent, est bien vivant, ils se rassurent sur leur propre être-au-monde, et tous les appels pour « rien » qu'ils subissent et qui fracturent même l'intimité de leur sommeil, seraient-ils désirés et entendus par eux comme des appels à être ?

En tout cas, Marina s'était peut-être mise en grand danger. Jadis, pour entrer chez les naïfs petits cochons, le loup couvrait sa noire patte de blanche farine. Aujourd'hui, toujours de son temps, le diable passe par Internet et se fait doudou...

NOVEMBRE

Parfois le moral à morte-eau au seuil de l'hiver, je me dis qu'il faut rompre tout lien avec ce métier d'éducateur dont Freud disait qu'il est impossible, et m'occuper enfin de mille choses passionnantes. D'ailleurs, je ne connais pas, loin de là, tout Mozart et tout Bach...

Mais, pareil à ces adolescents attachés à leur mobile, je suis relié, et lié, au monde par mon ordinateur qu'une pulsion scopique, heureusement bien tempérée, me fait allumer chaque matin. C'est par courriel que de jeunes éducateurs souhaitent m'associer à l'analyse de leur pratique. Ils s'interrogent au sujet de leur autorité sur un groupe d'enfants sans loi, réactifs, violents, grossiers jusqu'à l'obscénité. De même, ils sont confrontés à des adolescents anomiques, sans cesse dans l'agir cru et dans la toute-puissance, qui les injurient, voire les agressent physiquement.

Je réponds ce matin à mes jeunes collègues qu'il ne faut surtout pas réfléchir à sa propre autorité dans la peur et la culpabilité. En effet, quelle que soit l'autorité « naturelle » d'un éducateur ou d'une éducatrice, elle ne saurait ni durer ni suffire sur le terrain miné de la relation éducative si elle n'est pas inscrite et contenue dans l'autorité de l'institution elle-même. L'autorité institutionnelle contenante et sécurisante, c'est l'autorité de toute une équipe, elle-même cautionnée par l'autorité de l'association employeur, du juge, des services de l'Aide sociale à l'enfance, de l'État. Je ne vois rien de bon dans la solitude de l'éducateur de fond. Certes, à l'acmé d'une crise, l'autorité peut se manifester dans un rapport de force. Habituellement, elle procède de l'articulation et de la solidarité d'une équipe éducative autour d'un projet pédagogique rigoureux. On a de l'autorité lorsqu'on est soi-même sécurisé et, par retombée, sécurisant. D'ailleurs, les jeunes savent fort bien tester la sécurité individuelle des membres d'une équipe en les faisant subtilement jouer les uns contre les autres, en essayant d'*attaquer leurs liens.* S'ils parviennent à entamer les liens des adultes, leur propre sentiment d'insécurité sera dévastateur. Toute crise institutionnelle est d'abord une crise des liens.

Cette crise des liens et de l'autorité que traverse le secteur de l'enfance inadaptée, explique peut-être, pour partie, que de nombreux jeunes éducateurs recherchent en priorité des postes en milieu ouvert. Cette préoccupation concerne souvent les jeunes diplômés, traumatisés parfois, durant leurs études, par un stage obligatoire en internat. D'ailleurs, des instituts de formation signalent que des étudiants renâclent à vivre avec les adolescents et que certains poussent même le paradoxe à supplier qu'on leur épargne un stage auprès... des enfants !

Je me demande si le refus de jeunes professionnels de partager effectivement des moments de vie avec les jeunes n'exprime pas, au fond, une *résistance inconsciente* aux affects et aux risques du vivre-avec. Certes, la crise de l'autorité institutionnelle retentit sur l'autorité des éducateurs et les insécurise. Mais, peut-être, les jeunes éducateurs ont-ils peur du *transfert*[1] que les jeunes sont susceptibles d'accomplir sur eux et des émotions contre-tansférentielles qui en résultent inéluctablement ? Il est certes bien difficile d'identifier, et très éprouvant de reconnaître en soi des sentiments positifs ou négatifs envahissants à l'égard d'un enfant ou d'un adolescent. Et plus dur encore de constater, à l'occasion d'une supervision personnelle, que, parfois, ce sont les

1. À ce sujet voir l'ouvrage de J. Rouzel, *Le Transfert dans la relation éducative*, Paris, Dunod, 2002.

sentiments mêmes des parents à l'égard de leur enfant qui nous ont envahis[1] !

Par conséquent, il est explicable que le travail en milieu ouvert, qui comporte évidemment ses astreintes et ses difficultés spécifiques, apparaisse comme plus favorable à la séparation de la vie professionnelle et de la vie « personnelle ». La vie partagée avec des enfants ou des adolescents reste le lieu favori de la relation éducative et la place originaire, historique, de l'éducateur et de l'éducatrice. Là, sur une *autre scène* peut se re-jouer de façon thérapeutique ce qui a été si mal interprété sur la scène familiale. Mais c'est là aussi qu'apparaissent les risques d'une implication personnelle forte : l'enfant découvre parfois qu'il peut s'y alimenter sinon à de nouveaux parents, du moins à une double parentalité, ou, comme le dit D. Steinhauer, à une parentalité partagée[2].

Enfin, d'avoir vécu avec des enfants accueillis pendant de longues années donne à penser que, dans le cadre de la famille thérapeutique notamment, ces derniers ne prennent pas forcément ce qu'on leur offre « pour leur bien ». En fait, ils s'approprient le dispositif apparent et le tournent dans le sens de leur désir inconscient, ce qui nous plonge parfois dans un pénible désarroi : « quelque chose » nous échappe de notre entreprise et, en fin de compte, l'enfant prend en nous ce qu'il veut, à notre insu, au cœur du mystère assez angoissant de l'altérité pressenti par Félix Guattari :

> « Tout groupe se présente sous une espèce de bivalence, sous une double face. La face rassurante, voilant toute transcendance, vendant de l'éternité à la petite semaine, on pourrait l'appeler de l'aliénation douce, et puis l'autre qui laisse affleurer l'image la plus accomplie de la finitude humaine, toute entreprise mienne

1. Cartry J., « Famille d'accueil, famille d'origine : un minimum d'alliance », *in* Bléandonu G. *et al.*, *Le Soutien thérapeutique aux parents*, Paris, Dunod, 2001.

2. Steinhauer D., *Le Moindre mal, La question du placement de l'enfant*, Presses de l'Université de Montréal, p 183.

s'y trouvant dépossédée au nom d'une instance plus implacable que ma propre mort, celle de sa capture par l'existence d'autrui[1]. »

L'équipe d'éducateurs d'une maison d'enfants à caractère social explique[2] son incapacité croissante à prendre en charge des enfants en internat dans le cadre de la réduction, et des contraintes de l'amplitude horaire, du travail hebdomadaire. Rares sont les éducateurs d'internat qui, à ce sujet, s'expriment publiquement avec un tel courage et une telle rigueur. Pour ma part, j'ai dénoncé à maintes reprises les méfaits de l'amendement du droit du travail sur la qualité de l'action éducative en internat spécialisé où le *temps* dilaté nécessaire à l'enfant en grande souffrance psychique et affective n'est pas le même que le temps légal de plus en plus contracté du travail des éducateurs. L'enfant dont il s'agit est l'enfant de la *clinique.* Permanence, durée, continuité, constance, répétition, rituels sont les maîtres mots d'un projet pédagogique institutionnel élaboré en faveur d'enfants souffrant de carences affectives et éducatives graves. Morceler la relation éducative avec eux, précariser la présence des éducateurs, multiplier les remplaçants, interrompre la continuité d'une intervention ou d'une activité, casser le rythme des rencontres, c'est agir à rebours des exigences de la clinique et toucher parfois à l'imposture professionnelle. (Faute de permettre à un éducateur de travailler durant un week-end complet avec son groupe d'enfants on envoie ces derniers dans diverses familles ou on les renvoie carrément chez eux...) C'est, « au nom de la loi », oublier une fois de plus que la loi est faite pour l'homme et non l'homme pour la loi.

1. Cité par J. Oury et M. Depussé in *« À quelle heure passe le train... », Conversations sur la folie*, Paris, Calmann-Lévy, 2003, p. 230.
2. *Lien social*, n° 686, p. 14.

Passée l'effervescence de Mai 1968, nous étions nombreux à mettre en question les institutions traditionnelles, à rêver d'une « autre vie » hors les murs de la ville, au plus près de la terre et des saisons. Et surtout nous voulions « vivre avec ». Beaucoup sont partis, peu ont tenu le choc et réalisé, au moins partiellement, les promesses de cette utopie. Dans la rudesse de la cohabitation avec des adultes rejetés par l'institution psychiatrique, des adolescents chassés de partout, des petits enfants à bout de placements multiples, il fallait réinventer la vie. Cette cohabitation quotidienne, indicible au fond[1], avec le fou, le marginal, le déficitaire, l'autiste (ou le carencé grave pour ce qui nous concerne) trouve *a posteriori* des références dans des moments thérapeutiques partagés soignants-soignés, comme à la clinique de Laborde créée en 1953 par Jean Oury après sa rencontre avec François Tosquelles à Saint-Alban. Ce sont des lieux où fabriquer du symbolique. Tosquelles en proposait la métaphore en disant qu'« un enfant ne dispose pas des chevaux symboliques qu'il lui faudrait pour quitter l'écurie familiale[2] ».

C'est le départ du lieu de vie dit « Le Coral » de Claude et Marie Sigala, après vingt-cinq ans de vie partagée avec les accueillis, qui me renvoie à l'émotion juvénile de nos débuts. Avec Sigala, nous avons l'essentiel en commun : vivre avec, même si nos références divergent, à cause notamment de sa crispation sur l'antipsychiatrie, sur quoi Jean Oury m'a ouvert les yeux.

Dès lors qu'aujourd'hui, tout concourt à morceler la relation éducative et de soin, à la broyer dans un discours libéral et gestionnaire, ou à la noyer dans les neuroleptiques, voire à la faire déraper dans la Ritaline[3], je ne voulais pas que les Sigala partent vers un « ailleurs » comme ils disent[4], sans leur affirmer : « Visiblement, je vous aime[5]. »

---

1. Je n'ai jamais réussi à la faire vraiment comprendre à nos gestionnaires...
2. Cité par J. Oury et M. Depussé, *op. cit.*, p 218.
3. *Prescrire*, juin 1977, t. 17, n° 174.
4. *Lien social*, n° 685, p. 19.
5. Livre de C. Sigala publié en 1979.

DÉCEMBRE

Les enfants et les adolescents qui vivent avec nous valident parfois notre réflexion philosophique. Certes, il faut être à l'écoute de leur parole mais surtout de leur langage symptomatique qui est une parole codée par des signes de souffrance. Ainsi de Rémi, toujours lui, depuis treize ans qu'il vit dans notre famille. Carencé, aux limites de la mort par une détresse respiratoire sans cause médicalement identifiée, il a quand même réussi à survivre en *s'appuyant* sur la dépression anaclitique, décrite par Spitz. Rémi revient de loin ! D'ailleurs, il n'en finit pas d'en revenir en quête permanente de l'objet maternel défaillant, et qui fut en son temps toxique et mortifère. Rémi est en quelque sorte « enchanté », occupé tout entier par cet objet qui draine encore beaucoup de son énergie psychique. Cet objet est masqué sous les attentes de Rémi à l'approche de ses anniversaires ou des fêtes de fin d'année. En effet, Rémi attend inconsciemment de ses cadeaux qu'ils lui restituent substantiellement « de-la-mère ». En un mot, il croit encore à la Mère Noël. Promettre une récompense, un cadeau, à Rémi, c'est, le plus souvent, susciter entre lui et lui un malentendu plein de douleur.

Les signes cliniques offerts par cet enfant expliquent peut-être un peu notre consommation effrénée d'objets toujours décevants, au fond, tellement le désir est soluble dans la possession et la jouissance ! Avec Rémi — qui n'en est pas encore là ! — il nous faut accepter que le désir humain découle d'une perte originelle et soit insatisfait pour rester désir. Il nous faut accompagner cet enfant dans un travail de deuil et l'aider à ne pas consacrer toutes ses forces à rejoindre un objet disparu, lui permettre d'employer progressivement son énergie libidinale à vivre. En tout cas, en thérapie comme en éducation spécialisée, nous ne pouvons pas conduire un enfant plus loin que là où nous sommes nous-mêmes parvenus, nous souvenant avec Gaston Bachelard que « l'homme est une création du désir, non pas une création du besoin[1] ».

1. Bachelard G., *Psychanalyse du feu*, Paris, Gallimard, 1985, p. 34.

7

2004

JANVIER

Aux prises, car c'est un texte ardu et dense, avec le dernier livre de Ricœur[1], la question de la reconnaissance du travailleur social en général, et de l'éducateur en particulier, me revient à l'esprit. Non pas dans la plainte récurrente des Job du travail social mais plutôt dans le « Que sais-je » de Montaigne qui éveille la curiosité, la recherche, voire la réflexion philosophique.

« On n'est pas reconnus ! » occupe la parole de nombreux éducateurs confrontés à leur employeur. C'est, à première vue, prétexte à revendications catégorielles qui masquent peut-être une autre « demande », un autre désir. Ne garder que l'acception juridique de « reconnaissance » de ses droits serait négliger et méconnaître les avatars sémantiques et philosophiques du mot reconnaissance et s'en tenir étroitement à l'univocité de la revendication pour légitime qu'elle peut apparaître. C'est d'ailleurs sur la polysémie du mot reconnaissance que travaille Ricœur.

1. Ricœur P., *Parcours de la reconnaissance*, Paris, Stock, 2004.

Pour ce qui nous concerne, nous éducateurs, le propos n'est pas d'énoncer le mot reconnaissance dans son acception de gratitude — nous sommes payés pour un travail et n'attendons pas de décorations — mais de l'interroger à l'intérieur du rapport d'altérité à nos pairs, mais surtout, à notre employeur.

Chez ce dernier, reconnaître la personne d'un salarié, serait comprendre que son expertise professionnelle participe à son sentiment d'identité, à son être-au-monde. Le salarié existe alors en tant que sujet humain par effet de reconnaissance. Mais, le plus souvent, l'employeur est un autrui sans visage. Il ne reconnaît pas : il gère. De son côté, le salarié ne peut réciproquement reconnaître son employeur puisque ce dernier, invisible, est proprement méconnaissable. (Certains n'ont pas vu leur président, à tout le moins un administrateur, en vingt ans...)

Ainsi, de nombreuses associations gestionnaires d'établissements et services, et qui fonctionnent de plus en plus dans l'idéologie du management, s'acheminent lentement vers une crise profonde de la mutualité qui tisse le lien humain. « L'individu se sent regardé de haut, voire tenu pour rien. Privé d'approbation, il est comme n'existant pas[1]. »

Travailler sans reconnaissance émotive et spirituelle dans la mutualité provoque la désagrégation du *lignage* professionnel qui est un des fils rouges de l'identité de chacun. Ne pas être reconnu dans son travail c'est être privé d'un appel à être, c'est travailler sous X et tomber inexorablement dans cette indifférence qui masque le mépris.

Un lecteur a violemment réagi à ma dernière chronique[2]. Il a cru comprendre (en cette période où se durcit la procédure policière et pénale) qu'à revendiquer pour l'éducateur le droit et le devoir de sanctionner *à l'intérieur de la relation éducative,* et sans en référer à la police, certains comportements des jeunes, je réduisais l'institution spécialisée à un lieu de non-droit et ne

1. *Id.*, p. 280.
2. *Lien social*, n° 700 du 11 mars 2004.

m'autorisais que de moi-même pour interpréter la loi ! Et cet éducateur affirme que dénoncer est un acte éducatif, professionnel et citoyen...

Je tiens qu'un éducateur, une éducatrice, dès lors qu'ils sont *intériorisés* par les jeunes, sont des images porteuses de loi. Leur exemplarité, leur capacité à susciter l'identification des enfants aux valeurs qu'ils vivent, passent foncièrement par la loi.

J'avance qu'une équipe éducative soudée, cohérente, solidaire, organisée autour d'un projet pédagogique socialement intégrateur, se réfère constamment à la loi. Elle est suffisamment forte face à des jeunes très difficiles pour, le plus souvent, énoncer la loi et la faire respecter sans faire systématiquement intervenir la police, sauf à abdiquer sa fonction éducative. Une telle abdication conduirait à se demander non pas « Mais que fait la police ? » mais que font les éducateurs !

Je sais qu'aux extrêmes de la profession, il existe des éducateurs et des institutions timorés, laxistes, à la limite de la complicité démagogique avec les jeunes ; je sais qu'il existe aussi des collègues et des institutions qui, à la première crise interne, à la première confrontation avec un comportement délictueux font appel à la police ou se défaussent sur le juge.

Par conséquent, nous avançons sur un chemin de crête avec les jeunes, sur une ligne de tension entre une éthique de conviction — celle d'un idéal éducatif — et une éthique de responsabilité — celle que la réalité nous impose.[1] C'est à ce point nodal que nous sommes interrogés en notre âme et conscience par le comportement des jeunes. Ce n'est certes jamais facile ni confortable pour l'esprit, par contre ce n'est *jamais ambigu* et je vois mal un éducateur responsable couvrir un délit. Il y a là, au sens kantien, un impératif catégorique.

Au terme d'une longue prise en charge en institution spécialisée, *a fortiori* en famille d'accueil permanent, il est fréquent que des adolescents, presque jeunes adultes, surtout des garçons,

1. En référence, bien sûr, à Max Weber.

provoquent avant leur départ annoncé des crises de violence au point parfois de paraître « chercher des coups ». Éducateurs, parents d'accueil, nous éprouvons alors le sentiment que des années vécues avec un jeune accueilli tout enfant, sont anéanties, inutiles, sans effet structurant. Nous sommes découragés, écœurés, et tous les sentiments positifs que nous éprouvions à son égard depuis si longtemps se dissolvent dans un mélange émotionnel complexe de rancune, d'incompréhension, d'injustice et d'inanité.

Certes, la clinique nous avait prévenus : au seuil de l'autonomie et de la liberté tant attendues, le jeune est confronté à son ambivalence. Sur sa face positive, il est impatient de partir ; sur sa face négative l'angoisse infantile d'abandon se réactualise malgré le travail préparatoire que nous avons accompli avec lui depuis des mois. Il lui reste alors la solution, paradoxale, d'être odieux en vue de se faire littéralement pousser dehors en nous culpabilisant.

L'anthropologie peut aussi suggérer que cet enfant accueilli tout petit, que nous avons materné, que nous avons aimé, avec lequel nous avons accompli un énorme travail thérapeutique au long cours, est, au moment de partir, *incapable de payer sa dette* pour, symboliquement, se libérer de nous.

Dans la souffrance que les conditions apparemment « folles » de ce départ nous infligent, nous sommes tentés de nous replier dans l'amertume et de tout laisser tomber. C'est oublier que le « bon » que le jeune a reçu pendant des années, que les valeurs que nous avons transmises, que la loi que nous avons énoncée, que les richesses d'un long vécu partagé sont, quoi qu'il paraisse et quoi qu'il arrive dans l'immédiat, intériorisés par lui, pour toujours.

Par conséquent, il ne faut pas jeter le garçon, parfois la fille, avec l'eau du placement !

FÉVRIER

L'actualité politique préoccupe et inquiète les éducateurs qui, surtout auprès des adolescents, rappellent sans cesse la loi. En effet, ils viennent d'entendre le président de la République et le

Premier ministre contester publiquement une décision de justice rigoureusement fondée en droit[1]. Nous avons bonne mine, nous les éducateurs, aux prises avec des enfants et des adolescents très difficiles, à les renvoyer obstinément vers la loi, vers le droit, vers la justice afin de fonder leur insertion, ou leur réinsertion sociales, dès lors que le garant suprême de l'indépendance des juges leur adresse devant la nation un désaveu retentissant !

D'autre part, certaines dispositions de la « loi Perben » manifestent le primat d'une idéologie sécuritaire très préoccupante. Les avocats se sont justement émus des menaces contre les libertés individuelles contenues dans des procédures policières inquisitoriales.

En tant qu'éducateur, je m'alarme que, dans ce projet, des jeunes de 13 à 16 ans, et pourquoi pas de 10 à 13 ans (!) seraient automatiquement inscrits pour vingt ans au fichier des délinquants sexuels.

Au terme d'une longue carrière auprès des jeunes en difficulté familiale et sociale, je suis évidemment convaincu que des adolescents et même des enfants impubères peuvent, aujourd'hui, commettre de graves délits, voire des crimes, de nature sexuelle. Toutefois, je reste persuadé que, dans la plupart des cas, ces délits ou ces crimes s'inscrivent dans un contexte d'érotisation grandissante de notre société qui ne protège plus les enfants de la pornographie dans ses dérives médiatiques et publicitaires. De jeunes enfants très nombreux sont prématurément excités sexuellement alors qu'ils sont encore dans cette période de latence qu'ils devraient pouvoir traverser paisiblement car elle est sans doute la plus fructueuse en acquisitions cognitives de leur vie.

La transgression des interdits sexuels manifeste souvent chez les jeunes une réelle difficulté à intégrer leur sexualité dans une société érotisée, d'autant plus qu'aujourd'hui, plus précoce, leur puberté les désorganise et les déstabilise psychiquement et affectivement.

Enfin, il ne faut pas oublier que la sexualité infantile est vieille comme l'enfance et qu'elle a toujours donné lieu à

1. Jugement Juppé.

des recherches, des échanges, des jeux, des tentatives plus ou moins érotisés et en fin de compte de bon pronostic. Alors « Au fichier ! » les jeunes voleurs de sous-vêtements sur les étentes à linge et les fauteurs de « touche-pipi » initiatiques ?

Dans un livre récent[1] Gérard Bonnet interroge la pornographie marchandisée de notre société qui touche enfants et ados les privant d'une élaboration imaginaire de leur sexualité.

Évidemment, il est plus facile de ficher pour vingt ans un môme sexuellement « allumé » par la pornographie banalisée que de poser le problème politique qu'elle constitue en termes de protection de l'enfance.

> « L'individualisme ultralibéral ou libéralisme sauvage, qu'on l'appelle comme on voudra, mine l'idée même de solidarité comme facteur d'organisation sociale et refuse l'existence d'intérêts collectifs légitimement organisés. »

J'écris ces lignes en « tombeau » pour un grand économiste au moment où l'on enterre, à Paris, Jacques Moreau. Cette citation résume toute sa pensée politique et économique. Devenu sur le tard de sa vie notre voisin et notre ami, Jacques Moreau fut directeur adjoint au Trésor, et surtout, PDG du la Banque française de crédit coopératif. Au moment de la parution de son livre[2] il m'avait accordé une longue interview pour l'hebdomadaire *Lien social*[3]. Dix ans après sa publication son propos reste brûlant d'actualité.

Si les travailleurs sociaux se sont avancés assez loin dans le champ des sciences humaines, ils négligent encore les sciences économiques, ils sous-estiment le rôle de l'économie dans l'organisation et la désorganisation sociales. Certes, le plus souvent,

1. Bonnet G., *Défi à la pudeur : quand la pornographie devient l'initiation sexuelle des jeunes*, Paris, Albin Michel, 2003.
2. Moreau J., *L'Économie sociale face à l'ultralibéralisme*, Paris, Syros, 1994.
3. N° 475 du 25 février 1999.

l'économie agit dans l'ombre et selon des processus très complexes, telle la *main invisible* d'A. Smith selon lequel l'ordre économique est fondé sur l'intérêt personnel des individus...

Mais, « ce qu'on n'admet pas, écrit Jacques Moreau, c'est qu'il puisse exister des organisations gérées comme des entreprises, qui aient un compte d'exploitation, du personnel, une trésorerie, et qui n'aient pas pour objet unique – ou principal – de rémunérer le capital souscrit par les actionnaires. On n'admet pas que des hommes, voire des entreprises, puissent se réunir pour fonder une personne morale dont l'objet principal est de produire du service à destination de ses membres ou éventuellement de tiers [...] On refuse de considérer que l'existence de telles personnes morales puisse être utile au bon fonctionnement d'une économie de marché ».

Les « entreprises intermédiaires » d'insertion, où travaillent des éducateurs, sont construites sur ce modèle et participent de l'économie sociale dont Jacques Moreau fut un ardent promoteur.

Avril

C'est un western des années cinquante : le saloon est enfumé, les dés roulent sur les tables et coule le whisky. Soudain, la porte à double battant claque et, flanqué de ses deux adjoints, le shérif fait une entrée fracassante. Dans la salle enfumée les dés et les conversations restent suspendus, les cartes s'immobilisent. Au nom de la loi, un jeune cow-boy présumé voleur de chevaux est interpellé et arrêté sans ménagement. Clic des menottes, clac de la porte. Les dés roulent enfin, les cartes tombent et coule le whisky.

L'histoire suivante ne se passe pas à OK Coral : il est neuf heures. Dans le vestibule de la mission locale, quelques jeunes attendent sagement d'être reçus par les conseillers d'orientation. Surgit soudain sans frapper ni sonner, le commissaire de police escorté de deux policiers. Sans un mot pour la secrétaire tétanisée, ils appréhendent un jeune assis dans son coin : « On t'embarque pour vol ! », expliquent-ils en toute discrétion et présomption d'innocence. Clac de la porte. Reprennent les respirations suspendues.

Deux heures plus tard, le présumé voleur revient à la mission locale en se frottant les poignets. Il paraît assez détendu après un long interrogatoire, soulagé même. Les policiers n'ont rien prouvé. Il conclut en toute ambiguïté : « C'est cool, je croyais qu'ils étaient venus... pour le hasch ! »

Attentats de Madrid. L'horreur. Les deux enfants que nous accueillons encore ressentent les tensions du monde à travers nos propres tensions. Devant les images télévisées, ils ont du mal à mentaliser, à se représenter cette horreur quasi quotidienne, banale en quelque sorte, sur laquelle ouvrent les journaux. Dans la mesure du possible, nous « filtrons » leurs émotions, nous essayons de les acheminer vers un travail de pensée. Par ailleurs, quel trouble de l'identification peuvent-ils éprouver devant ce garçon palestinien de 14 ans, habillé d'un gilet d'explosif... Ses copains d'Intifada qu'un journaliste interroge sur leurs projets et leur avenir, répondent tout uniment qu'ils seront kamikazes, comme leur père !

Rémi, 14 ans, semble confus devant les images de la télévision, « à distance » comme pour se protéger de l'impensable. Apprenant qu'un jeune madrilène idolâtre de Zidane, tué dans l'explosion de son train, avait été enterré « avec le maillot de Zidane » comme ont dit les médias, Rémi a reçu cette information au premier degré et nous a déclaré : « Mais alors, Zidane, il n'a plus de maillot ? »

Nous sommes submergés par les nouvelles dramatiques du monde. Vivre quand même... Dimanche d'avril, cette balade en forêt de Saint-Severs[1] avec les enfants. Lumière de nacre qui drape les arbres nus. Nuées sombres déchirées d'éclaircies imprévisibles, accordées au climat instable de notre cœur. Je ne connais pas de moment plus favorable à la relation éducative que celui de la promenade à pied. Chacun va dans une liberté nonchalante au

1. Calvados.

gré de sa fantaisie ; nulle contrainte liée à quelque danger routier, à quelque débuché de mécanique folle, qui, même au printemps tue. Chiens de chasse, les enfants suivent des pistes improbables, se perdent, se retrouvent, se cachent pour des embuscades de rire, de délicieuses frayeurs. Ils ramassent des bâtons de marche qu'ils perdent dans l'instant même de la trouvaille ; sautent dans les flaques emplies de ciel. Il faut, pour contourner la croisée des chemins pleins de boue hivernale, traverser le détour des taillis, franchir un ruisseau, se couler sous un tronc affaissé, subir le fouet d'une branche élastique, la griffe d'une ronce malveillante. Et, Pâques frémissant de tiédeur frissonne encore de froid.

On vient d'identifier les restes de l'avion de Saint-Exupéry. Chez de nombreux éducateurs et éducatrices de ma génération, Saint-Ex remonte dans le chalut de la mémoire et nous rappelle opportunément qu'« on devient responsable pour toujours de ce qu'on a apprivoisé ». Des « anciens » de notre famille d'accueil avec lesquels nous avions ouvert, il y a vingt ou trente ans, une relation éducative forte, téléphonent parfois, passent à la maison. Certains, certaines surtout, resurgissent dans notre vie à un moment critique de leur existence et nous font alors une demande qu'il faut écouter car, à un moment donné, nous sommes devenus responsables d'eux. Ce qui distingue alors la famille d'accueil de l'internat, est que les relations s'y engagent pour très longtemps, s'inscrivent dans la durée, passent par des pics de crises et d'émotions, retombent dans la distance ou se réactualisent soudain avec intensité. Il nous faut alors réinvestir dans telle relation, qui se manifeste avec urgence, une énergie psychique qui, en regard de notre histoire et de notre âge, nous épuise rapidement bien que nous soyons attentifs à maintenir une bonne distance relationnelle, à nous garder de l'omnipotence, à ne pas confondre responsabilité et culpabilité. À cet accueil-là, Janine est plus ouverte que moi qui résiste, qui freine ; l'équilibre tenant sans doute à la dialectique de nos attitudes :

Cette gamine, nous l'avions accueillie à douze ans. Elle a vécu quatre années dans notre « famille thérapeutique » avec cinq autres enfants confiés par l'ASE, et nos propres enfants. Famille thérapeutique par « retombées » d'une action quotidienne dont tous les gestes, si modestes fussent-ils, étaient implicitement tournés dans le sens du soin à des enfants très carencés, au vécu traumatique. Fanny avait passé toute sa petite enfance chez une nourrice dans une authentique relation d'attachement précoce. Mais, dans l'idéologie du lien des travailleurs sociaux avaient estimé que la place de Fanny était chez ses parents. Ils l'ont arrachée à cette nourrice, rendue à des parents gravement toxiques desquels, pour finir, le juge l'a retirée en urgence. Et Fanny est arrivée chez nous. Le meilleur de notre travail auprès d'elle nous semblait être de l'avoir remise en relation avec sa nourrice bien aimée. Par ailleurs, Fanny ne paraissait pas investir beaucoup notre famille. Séjour de quatre ans un peu terne, sans engagement émotif réciproque palpable. Dix ans plus tard, Fanny revient nous voir avec sa petite fille. Elle est enceinte d'un enfant atteint d'une malformation cardiaque et devra accoucher loin de chez elle, et seule. Elle met au monde un bébé dont l'état constitue l'indication d'une intervention chirurgicale immédiate. Fanny doit quitter l'hôpital : son bébé est en soins intensifs pour longtemps. Pour accompagner sa détresse, nous sommes allés la chercher pour la reconduire chez elle où sa petite fille l'attend. Cinq heures de route et d'échanges chaleureux, et surprenants, avec elle. Le lendemain, son bébé est décédé. Fanny revient nous voir dans quelques jours. Pendant quatre ans, et à notre insu, elle avait probablement pris chez nous ce qui lui convenait, pas forcément ce que nous offrions, mais suffisamment pour retrouver la trace d'une relation éducative qui, dix ans plus tard, revit à cause d'un enfant mort...

« On devient responsable pour toujours... » La rencontre avec le Petit Prince, son renard, son mouton et son éléphant dans un chapeau, pouvait susciter, lorsque nous étions adolescents, une émotion facile, une exaltation juvénile et romantique venue d'un inaccessible astéroïde... Mais, dans *Vol de nuit*, *Terre des hommes*, *Pilote de guerre* Saint-Ex magnifiait la camaraderie, la solidarité en équipe, la rigueur professionnelle : le métier !

Saint-Exupéry ne fut pas un maître à penser, mais, un maître à rêver notre vie, notre métier d'éducateurs responsables.

Loin des commencements empiriques de la « rééducation », et plus loin encore de l'idéologie managériale d'aujourd'hui, je reste fidèle au rêve fondateur des premières générations d'éducateurs où tant de couples amoureux et professionnels se sont formés. Demeure, pour nous, la certitude que l'amour ne suffit pas, comme a dit Winnicott, et qu'aimer, selon Saint-Ex, « ce n'est point nous regarder l'un l'autre mais regarder ensemble dans la même direction ».

À dix ans, elle était déjà capable d'animer une bande d'enfants qui traînaient sur le boulevard. À quinze, une famille amie l'emmenait, au pair, durant les vacances d'été et lui confiait ses cinq mômes pour la journée. Bac en poche, elle s'essaya à l'enseignement, y réussit sans s'y accomplir complètement. Elle entre alors dans un IMP pour filles déficientes, caractérielles, aux prises avec une communauté religieuse sur le déclin. Dur apprentissage du métier : un choc. Et puis, naturellement, ce fut l'école d'éducateurs dont elle sortit avec un diplôme et... un mari. Éducatrice de groupe en centre d'observation : douze mômes excités et réactifs que de grandes balades dans la forêt[1] toute proche rafraîchissaient et calmaient. Sous l'œil scrutateur des psychanalystes institutionnels aux interprétations sauvages, elle était sereine. En équipe, elle vivait les bonheurs et les difficultés de relations éducatives multiples et diverses auxquelles les choses modestes et répétitives du quotidien confèrent une réelle grâce thérapeutique : rites du soir et du lever, retours au calme après des jeux fous, repas paisibles, soins du corps et soins du cœur, plongées dans la forêt sédative, transferts d'été qu'alors la RTT n'empêchait pas encore. Ce fut une bonne préparation pour aborder, souvent seule, dix-neuf adolescents en « foyer de semi-liberté » sans être jamais agressée, ni insultée, ni débordée. Proche d'eux, dans une distance paradoxale et nécessaire, pendant sept années d'un travail intense ponctué de quatre maternités. Et puis, dans cette grande ville de l'ouest, une année d'accompagnement de jeunes en prison et en voie de libération. « J'ai besoin des murs »,

1. La forêt de Rambouillet.

dit-elle souvent, pour contenir une relation et donner forme à un projet éducatif. Par conséquent, et pendant les vingt-huit ans qui ont suivi, les murs d'une maison pleine d'enfants, sa maison qui, en première de couverture illustre ce cahier, ces murs donc, l'ont enveloppée de sécurité. Par conséquent, elle a pu offrir aux enfants très carencés et traumatisés une *image* maternelle sécurisante sans effacer celle de leurs mères. Elle s'est complètement engagée dans le jeu subtil et complexe de la parentalité partagée en famille d'accueil, aux risques de transferts parfois chauds, rudes et en toute maîtrise contre-transférentielle. Heureusement, comme jadis celle de la forêt, la proximité de la mer lui ouvrait, lui ouvre toujours, un espace de liberté, et de réparation spirituelle. Cette éducatrice qui « part » à la retraite dans quelques jours, est ma femme et ma collègue depuis quarante ans. Chapeau la pro !

Mai

Il y a cinquante-trois ans, j'entrai pour la première fois dans le hall du collège qui m'accueillait, au terme d'une fugue salutaire du pensionnat où j'étais enfermé. Je vis un homme, ou plutôt ses jambes, couché sous une grosse moto BMW. « Bonjour, c'est toi le nouveau ? Je suis le Père G. », dit-il en s'essuyant les mains couvertes de graisse. Si peu ecclésiastique, cette présentation fut en quelque sorte équilibrée un peu plus tard : je l'aperçus et l'entendis qui travaillait, sur l'harmonium de la chapelle, une transcription du jubilatoire concerto en fa majeur pour orgue et orchestre de Haendel. Cet homme protéiforme était le préfet des études d'un lycée confessionnel qui, vous frottant vigoureusement de latin et de grec, vous apprenait le français par la racine. Structurant donc.

À la croisée des périls et des espérances que constitue l'adolescence, cet homme fut pour moi un père providentiel et... transférentiel. Il était libre et nous libérait. Au cours d'une confession mensuelle exigée par l'institution, il se transformait naturellement en thérapeute et nous soulageait d'une culpabilité, d'une névrose chrétienne que nous traînions comme un boulet.

Nous partagions, à la tribune de la chapelle, des séquences inoubliables à déchiffrer un choral de Bach, voire sa propre musique. Et nous chantions avec une quarantaine d'enfants constitués en cette chorale qu'il m'avait confiée. Si traditionnel dans ses structures, cet établissement nous laissait libres de chanter à toutes les récréations.

J'en reviens à ce père de transfert, amical et distancié, exigeant, disponible. Il constituait pour certains d'entre nous une image forte d'identification. Sa porte s'ouvrait souvent à nos peines et nos détresses d'adolescents. Il savait écouter.

Il y a quelques jours, quarante ans après l'avoir vu pour la dernière fois, le poids de ma dette m'a poussé jusque chez lui, ne sachant pas s'il vivait encore. Comme avant, ce vieil *éducateur* de quatre-vingt-huit ans m'a ouvert sa porte. Nous avons renoué une conversation interrompue par la vie. Et je lui offrais cette visite en paiement tardif d'une énorme dette de jeunesse.

— Dis, Jean, c'est quoi cette fleur ?

— Je ne sais pas, regarde !

— Dis, Jean, c'est quoi...

— Je ne sais pas, on verra à la maison...

C'est dimanche matin, en mai. Petite randonnée avec les enfants, les deux que nous accueillons encore, et deux petits-fils. À travers le vert tendre des arbres, la lumière « pleut » sur la rivière. Rimbaud... Nous marchons dans l'herbe encore mouillée de nuit. Qu'importe ce matin le nom savant des fleurs ? Et puis, savoir, n'est-ce pas une forme de possession ? Ce qui compte ce matin, c'est la lumière, c'est la douceur ; cette ivresse matinale de printemps, ce tendre éblouissement.

— Dis, Jean...

— Chut ! regarde...

Franchir le bief du moulin sur une passerelle étroite. Captive, l'eau vive est angoissante. Serrer plus que nécessaire la main des plus petits et retrouver la rive en fleurs, la paix. Les enfants sont déjà loin sur le chemin de halage restauré par les équipes d'insertion qui ont débroussaillé et fléché la randonnée. Petit

Tom, il a trois ans, traîne derrière nous tout mouillé d'herbe. Cette enfance arrêtée dans la lumière mouillée...

En marchant, je relis mentalement cette carte postale que Janine a reçue hier de Lydie. Petite, elle a vécu un an chez nous.

> « Bonjour, je vais bien et toi ? Je vai peut être passé en 4e. J'ai redoublé ma 6e Je suis en 5^e1 ça vas il n'y a pas a se plindre de ma classe si a pare quelque éleve, mais je ne suis pas dedans. J'ai des bon profs. Je te laisse (*sic*).
>
> Lydie
>
> Dit bonjour à Jean. j'ai vue mon père en prison. »

Un grand chêne est isolé dans un pré vert ondoyant. Le troupeau de génisses est immobile. Je relis la fin de cette carte postale : « Dit bonjour à Jean. J'ai vu mon père en prison. Dit bonjour... »

Dans le printemps en fleurs, je marche. Bonheur. Mais je sais bien que j'ai quelque chose à voir avec ce père-là qui est en prison, je sais que Lydie parle de son père au père que je suis. Repasser sur la rive opposée par-dessus l'eau prisonnière du bief en tenant trop fort la main des petits, la main de Lydie...

— Dis, Jean, c'est quoi cette fleur ?

— Chut, regarde !

JUIN

À l'occasion de la commémoration du débarquement des Alliés, le 6 juin 1944 sur nos côtes, les enfants des écoles, qui vivent en Normandie non loin des plages historiques, sont appelés par leurs maîtres à un travail, sinon de mémoire, du moins à une prise de conscience de ce qui s'est passé tout près d'ici.

Les enseignants ont raison de ne pas occulter sous l'extraordinaire, l'exceptionnel et le dramatique du débarquement proprement dit, le quotidien des petites gens anonymes, leur détresse, leur héroïsme anonyme, leur lâcheté pour certains, voire leur infamie. Par conséquent, ils ont demandé aux enfants d'apporter en classe des documents, des objets significatifs des années de l'occupation allemande et chargés de concrétude. À Grégoire, onze ans, que nous accueillons toujours, j'ai confié des tickets de rationnement alimentaire (pain, viande, œufs...) conservés par ma mère, et l'*ausweis* délivré à cette dernière par l'*oberlieutnant* de service le 4 juin 1942. En effet, ces documents illustrent ce qui manquait alors le plus : le pain et la liberté. S'ils sont susceptibles d'être clairement compris par Grégoire et ses camarades de classe, ces documents nous interpellent fortement, nous les adultes, sur l'usage que nous faisons de notre liberté et de la démocratie dans une abondance de biens de consommation foncièrement aliénante. Nous sommes bien éloignés des idéaux de ceux qui, affrontés aux nazis allemands et à la Milice française, furent de purs martyrs. Nous nous engageons certainement dans une impasse lorsqu'il nous arrive fusionner et de confondre ultralibéralisme et liberté. Telle apparaît la réflexion que nous proposent et ces tickets de rationnement, et cet *ausweis*.

Tennessee, Minnesota, Uta, Montana, New York, Alabama... Près de chez nous, reposent au cimetière américain de Colleville-sur-Mer, 9 387 jeunes hommes et grands adolescents, morts en Normandie entre le 6 juin et le 31 août 1944, à des milliers de kilomètres de chez eux. Ohio, Caroline du Sud, Virginie... Lentement, nous marchons entre les croix de marbre blanc, chacune étant gravée du nom sans visage, de la date fatale, du sigle de son unité militaire et du rappel de l'État fédéral originaire du jeune mort. Une armée crucifiée est plantée là sur l'immensité du gazon impeccable, jusqu'à la lisière des pins tourmentés entre lesquels la mer palpite. Colorado, Arkansas, Delaware, Pennsylvanie... Les enfants qui nous accompagnent sont impressionnés, émus et se taisent. Sur ces noms innombrables et uniques, nous rêvons. Nous imaginons un visage, un sourire, une histoire de vie, une enfance, un premier amour, un destin... La beauté calme de ce *cimetière marin* transcende la mort. Nous marchons dans une éternité apaisée et presque souriante. Tous ces dormeurs en fleur de l'âge ont été fauchés à la fenaison de juin Ils sont tombés du ciel dans les marais, ils ont été jetés par la mer sur les plages minées, plantées d'*asperges* de Rommel et de tétraèdres aigus, sous les batteries allemandes qu'on croyait détruites. Dans cette marche mémoriale avec les enfants, il nous faut tout reprendre au commencement de la tragédie : marcher sur les plages ou la mer n'a rien effacé ; mettre nos pas dans des milliers de pas ; courir le ventre tordu d'épouvante ; tomber, ramper, hurler : mourir à vingt trempé et sanglant en appelant une dernière fois sa mère. Les enfants se taisent, nous nous taisons. Et, toujours recommencée, la mer palpite entre les tombes.

* * *

MAI 1967, il y aura bientôt trente-quatre ans, ma femme et moi ouvrions ce qu'on appelait encore un « foyer de semi-liberté » pour adolescents, dans une vieille maison provinciale, à la périphérie d'une petite ville, siège épiscopal et judiciaire, plus habituée aux tonsures des séminaristes locaux qu'aux tignasses des « voyous » placés par le juge des enfants.

Damien, dix-sept ans, fut le premier des dix-neuf garçons que nous accueillîmes en deux mois. Conduit par un « délégué à la liberté surveillée » sans que sa destination lui fût révélée (!), il venait, sans préparation aucune, d'être extrait d'un « foyer de l'enfance » installé, comme alors la plupart des foyers de ce type, dans un hôpital rural à proximité des nourrissons et des personnes âgées. Afin de prévenir des fugues, qui, de toute façon étaient fréquentes et répétitives, les adolescents étaient tenus en pyjama toute la journée et passaient le plus clair de leur temps à rêver de liberté et à jouer des tours cruels aux petits vieux de l'hospice.

Cramponné au radiateur dans l'entrée du foyer où nous l'accueillions, Damien était mutique, tendu, aux abois.

L'apprivoisement qui fut très long, nous rendait, comme on verra, responsables pour toujours. Le renard du Petit Prince a dit vrai.

Très vite, Damien manifesta un exceptionnel courage au travail à condition qu'il fût seul à la tâche et surtout sans maître ni patron. Chez les maraîchers de la côte il battait tous les records de productivité à l'arrachage des carottes ou des poireaux. Chaque soir, en rentrant du travail, il remettait sa paye à Janine avec une totale confiance. Il avait un projet : bien avant son arrivée au foyer, ce fugueur impénitent était devenu l'intime du littoral et des marées. Pêcheur à pied expérimenté, il était accordé jusqu'au fond de l'être à la liberté de la mer toute proche.

Jusqu'à sa majorité, qui était alors effective à vingt et un ans, nous avons accompagné institutionnellement l'errance de Damien, plus productif encore dans le ramassage des praires et des palourdes que dans celui des carottes et des poireaux. Il vendait sa pêche aux restaurants de la côte, sortait du foyer et rentrait de nuit comme de jour, aux heures que commandait la marée. Conformément à son projet, Damien s'installa au plus près de la mer, sur un terrain de dune prêté par une mareyeuse. Avec Charles, l'éducateur technique du foyer, le garçon, tout jeune majeur, y assembla les éléments préfabriqués d'une maisonnette en bois payée comptant sur ses économies après des milliers d'heures passées à tirer des bars de ligne et à ramasser des coquillages.

Nous le croisons de temps à autre dans le bourg côtier que nous habitons. Au sortir des bistrots à pêcheurs, il vacille un peu sur son vélomoteur où tangue, sans jamais tomber, le panier de ses récoltes. Nous échangeons un geste amical, quelques mots, car il est naturellement taiseux.

Ce soir, il est vingt et une heures. Devant le feu, nous entrons dans le calme de la nuit. Les enfants sont couchés, le silence est doux. On frappe à la porte. C'est Damien, visiteur insolite qui fracture notre paix. Visage tanné au sel, yeux bleu marine, manifestement ivre et épuisé. À jeun il ne serait jamais passé à cette heure-là ! Il titube un peu jusqu'à la cheminée, s'assied entre nous deux, prend nos mains qu'il serre fiévreusement et nous dit qu'il veut se pendre.

«... j'en peux plus, c'est fini ; et puis ma mère est morte il y a huit jours ; j'ai pas dormi depuis, je suis crevé ; on ne se voyait pas souvent avec elle ; ma petite mère elle était là, dans sa boîte, toute serrée, toute petite ; et je la regardais et même que tous les coups qu'elle a reçus par mon père ils me sont remontés là (il montre sa gorge) et je peux dire que tous les sept on en a bavé ; et je me suis dit qu'il fallait que j'aille vous voir pour raconter tout ça parce qu'ici, personne ne sait rien sur moi, y'a que vous qui savez, alors il fallait que je vienne. Et comme je suis tout seul avec pas à qui parler... Pourtant, j'ai connu une petite. Je crois qu'on s'aimait bien mais moi j'étais trop vieux pour elle et puis moi je suis foutu ; même que des fois je l'ai emmenée faire la marée, la nuit, du côté des pêcheries[1] ; j'aime bien la nuit quand on marche dans le sable comme dans du silence ; et puis voilà que ma petite mère elle est morte !... »

Damien pleure, prend nos mains comme un enfant qui trébuche. Il redit que la boucle est bouclée, qu'il veut mourir. Nous le calmons. Il ne veut pas de soupe, ça ne passera pas dit-il en frottant son cou que serre une corde de chagrin. Il accepte du café et boit à grands traits sans retirer la cuillère du bol. À cet errant qui n'a pas dormi depuis longtemps dans une maison en dur, nous proposons, quoique sans illusions, de passer la nuit chez nous. Épuisé, il accepte ! Il dormira quinze heures. Ensuite, silencieusement, sans se montrer, comme toujours, il est reparti vers la mer.

Le lendemain, accroché à la grille du jardin, pendait un sac en plastique empli des poissons de la nuit.

Ainsi, une relation éducative interrompue pendant près de trente ans est reprise en parabole par cet homme venu déposer chez nous un gros sac de souffrance, qui nous quitte pudiquement pour aller tendre quelques lignes, et, nous rapporter sans se montrer un sac de gratitude, un « contre-don » libérateur[2]

1. Grandes nasses construites en osier et qui retiennent le poisson à marée descendante, typiques de nos côtes.
2. *Cf.* page 1 à l'ouverture du *Cahier*.

J

L

M

P

R

S

T

V

048544-(IV)-(1)-OSB 90°-CPW-MLN

STEDI MEDIA, 1, boulevard Ney, 75018 Paris
Dépôt légal, Imprimeur, n° 10338
Dépôt légal : août 2004, suite du tirage : avril 2009
Imprimé en France

Index